微博广告研究

Weibo Guanggao Yanjiu

△微博——第六大媒体

○微博产业的盈利模式

□微博广告的五大技巧

◇微博产业的适用法律

安徽师范大学出版社

责任编辑:潘　安　辛新新
装帧设计:丁奕奕

图书在版编目(CIP)数据

微博广告研究 / 徐艟著.—芜湖:安徽师范大学出版社,2012.3(2025.1 重印)
ISBN 978-7-81141-756-2

Ⅰ.①微… Ⅱ.①徐… Ⅲ.①互联网络—广告学—研究 Ⅳ.①F713.8-39

中国版本图书馆 CIP 数据核字(2012)第 029485 号

微博广告研究

徐　艟　著

出版发行:安徽师范大学出版社
芜湖市九华南路 189 号安徽师范大学花津校区　　邮政编码:241002
网　　址:http://www.ahnupress.com/
发 行 部:0553-3883578　5910327　5910310(传真)　E-mail:asdcbsfxb@126.com
经　　销:全国新华书店
印　　刷:阳谷毕升印务有限公司
版　　次:2012 年 8 月第 1 版
印　　次:2025年1月第2次印刷
规　　格:787×960　1/16
印　　张:10
字　　数:183 千
书　　号:ISBN 978-7-81141-756-2
定　　价:45.00 元

目　录

第一章　绪　论

第一节　微博的产生与发展

一、什么是微博

微博是一种互动及传播性极快的工具，现在人人知晓的戒烟牙膏就是通过微博让人们知道从而被大量吸烟者接受的。微博所谓“微型博客(Microblogging)”是一种非正式的迷你型博客，它是一种可以即时发布消息的类似博客的系统。它最大的特点就是集成化和开放化，你可以通过你的手机、IM软件(Gtalk、MSN、QQ、Skype)和外部API接口等途径向你的微博客发布消息。微博的另一个特点还在于这个“微”字，一般发布的消息只能是只言片语，像Twitter这样的微博平台，每次只能发送140个字符。相对于强调版面布置的博客来说，微博的内容只是由简单的只言片语组成，从这个角度来说，对用户的技术要求很低，在语言的编排组织上，没有博客那么高，只需要反映自己的心情即可，更新起来也方便。

三言两语，现场记录，发发感慨，晒晒心情，Twitter网站打通了移动通信网与互联网的界限。与传统博客中的长篇大论相比，微博的字数限制恰恰使用户更易于成为一个多产的博客发布者，著名流量统计网站ALEXA的数据显示，Twitter日均访问量已近2 000万人次，在美国、英国、加拿大等地的网站排名中均列前15位。

二、微博产生的时间

2006年，博客技术先驱Blogger.com创始人埃文·威廉姆斯(Evan Williams)

创建的新兴公司 Obvious 推出了大围脖服务。在最初阶段,这项服务只是用于向好友的手机发送文本信息。2006 年年底,Obvious 对服务进行了升级,用户无需输入自己的手机号码，可以通过即时信息服务和 Twitter 网站接收与发送信息。这是微博原形。后来利用无线网络、有线网络进行即时通讯,是微博的典型应用。它允许用户将自己的最新动态和想法以短信形式发送给手机和个性化网站,而不仅仅是发送给个人。

1. 世界微博产生的时间

2006 年博客技术先驱创始人埃文·威廉姆斯创建的公司其实就是外国微博最早的原形。最早也是最著名的微博是美国的 Twitter。根据相关数据判断,截至 2010 年 1 月,该产品在全球已经拥有 7 500 万注册用户。

2. 中国微博产生的时间

在中国,2009 年 8 月 14 日，新浪门户在中国大陆推出中国第一家微博服务,并成功开始内测。用户可以通过网页、WAP 页面和手机短信、彩信发布 140 字以内的消息或上传图片，此外还可通过 API 用第三方软件或插件发布信息。2009 年 11 月 3 日 Sina App Engine Alpha 版上线，可通过 API 用第三方软件或插件发布信息。截至 2010 年 10 月,新浪微博用户已达 5 000 万,新浪微博用户平均每天发布超过 2 500 万条信息。它目前是中国用户数最多的微博产品,公众名人、用户众多是新浪微博的一大特色,目前基本覆盖大部分知名文体明星、企业高管、媒体人士。

多家门户网站随后跟进，陆续推出微博服务。腾讯微博在 2010 年 4 月推出,而网易微博在 2010 年 1 月 20 日正式上线内测。

三、微博产生的背景

1. 信息的渴求度

如今是一个信息化的时代,人们对信息的渴求度非常高。微博是一个非常好的平台。在微博上有成千上万条消息,有各种各样千奇百怪的新事物。所以微博利用人们对信息的渴求而大做文章。在这个信息爆炸的时代,每个人的生活都深深被知识浪潮所影响。互联网 Twitter 则是永不过时的课堂。当跨过 Web 1.0 "门户网站"时代之后,我们惊奇地发现,原来每个人都可以是时代的记录者和关注者,从 1998 年的"德拉吉报道"抖出的克林顿绯闻到 2005 年中国"博客元年"的到来,Web 2.0 已经不再是一个空泛而概念化的理念,带给我们的,是一个真正的全民狂欢时代。"芙蓉姐姐"的走红和"木子美"事件,代表着博客作为一种新兴的交流工具，走进了普通民众的生活，个人的言论自由权利得到了极大的发挥。相对于博客需要组织语言陈述事实或者采取修辞手法来表达心情，微博只言片语“语录体”的即时表述更加符合现代人的生活节奏和习惯；而新技术的运用则使用户（作者）更加容易对访问者的留言进行回复，从而形成良好的互动关系。综上所述，微博天时、地利、人和三者齐备，想不红都难。

2. 节省时间

微博的消息限制在 140 个字内，很短。由于这个原因，很多的新闻都能够简化，让那些没有时间看新闻的人能够用最短的时间看完一则消息、笑话甚至观后感等。报纸网页虽然内容详细，但是很多东西都是你不想关注的，想要看你感兴趣的东西还要不停地翻动报纸，或者不停地上不同类型的网站。这样就浪费了很多的时间。有了微博之后，人们可以免去寻找信息的奔波之苦。你可以关注你感兴趣的人或事，甚至是一类人或一类事。就像是一个 RSS 新闻聚合器，把你想要的东西全都融合在微博中，好的消息还可以转载收藏，免去了 RSS 新闻聚合器中消息不能保存的烦恼。

3. 社交需要

微博其实也是一个社交平台，在这个社交平台中，有成千上万的人，包括你的亲戚、朋友、同学，甚至是大牌明星，或者是陌生人，你都可以关注他，与他交流，分享各类有趣的东西。可见，微博是一个非常受欢迎的东西。因此，使用微博的人也非常多。

四、微博的现状

国内微博企业无一例外地把学习的榜样都锁定 Twitter。由于是本土中文服务，与其他网站互通性更强，自然比 Twitter 更能吸引国内用户。易观国际的于扬将国内微博行业的发展比喻为正处于往上爬坡的阶段。在他看来，互联网化和泛媒体化的趋势开启了第一代博客的应用，而互联网持续的高渗透率以及当下媒体消费者（也是媒体生产者）的理念催生了类似微博这种新生平台。微博是希望得到关注的人或企业的一种表达方式。于扬认为，国内微博的形式已向 Twitter 靠近。但与 Twitter 相比，仍处于早期阶段。他分析，在 Twitter 上，既有个人用户日常生活的感悟，又有企业注册账号用于推销产品等。国内的微博则以个人用户为主，发布内容多表达自身的喜怒哀乐。受众远不如国外广泛。在国外，奥巴马、韦尔奇等都使用 Twitter，微博企业主要依靠各自平台技术的优势特点来争取用户。2009 年 7 月中旬开始，国内大批老牌微博产品（饭否、腾讯滔滔等)停止运营,一些新产品开始进入人们的视野,像1月开放的大围脖,6月开放的Follow 5,7月开放的贫嘴,8月开放的新浪微博，其中Follow 5在2009年7月19日孙楠大连演唱会上亮相,是国内第一次将微博引入大型演艺活动,与Twitter当年的发展颇有几分神似。2010年国内微博迎来春天,微博像雨后春笋般崛起。四大门户网站均开设微博。

五、新兴的营销方式

微博营销是刚刚推出的一个网络营销方式。火热的微博,催生了相关的营销方式,最终形成微博营销。每一个人都可以在新浪、网易等注册一个微博,然后使用并更新自己的微博。每天更新的内容可以跟大家交流,或者呈现大家所感兴趣的话题,这样就可以达到营销的目的,这样的方式就是新兴推出的微博营销。

微博营销在国内的微博中还不普及，可能是因为微博在中国刚刚起步。Follow 5微博接连成功举办了孙楠大连公益演唱会和水木年华"十年启程"北京工体演唱会,可谓是开创了国内微博营销的先河。各大门户网站的微博也不甘落后,蠢蠢欲动在各个网站大做广告,渴望在新的媒介形式——微博中分到一杯羹。

微博营销很可能需要第三方的介入。第三方就是微博的运营商。第三方首先是给出一种策划,然后需要对三类微博做组合,就是企业微博、代言人微博、用户微博,用一种受众能够认同的并且是受欢迎的方式对新产品、新品牌等进行主动网络营销。

微博作为营销平台的入口有待进一步开发。微博用户一般对微博上信息的信任度高,对微博上的商业信息、商业活动有较高的信任度,并且对关注的人或粉丝推荐的产品有好感,因此微博具有较大的潜在营销价值。

第二节　微博广告的发展趋势

一、微博广告的起源与现状

1. 起　源

"每一个微博用户后面,都是一位活生生的消费者。"微博平台已经成为企业宣传品牌形象与推广销售产品的重要渠道。微博广告在这种信息传播高度发达的时代背景下诞生,并借微博的繁荣席卷网络。“微博是地球的脉搏”,美国《时代》周刊如此评价微博强大的信息传播功能。而在企业层面,微博公关与营销作为网络营销的新工具之一,受到重视。据最新统计,国内的微博企业用户已达到 6 000 家,而来自 DCCI 互联网数据中心预测,中国互联网微博累计活跃注册账户数在 2012 年、2013 年年底将分别突破 2.8 亿、4.6 亿。

2. 现 状

根据 2010 年官方公布的数据显示,新浪微博总数累计超过 20 亿条,是目前国内最有影响力、最受瞩目的微博运营商。新浪微博平台的商业化将主要依靠广告自助及应用增值分成。其中,在广告方面,开发者可通过“广告自助营销系统”申请微广告,系统自动投放广告,平台会按照用户的活跃度以及广告曝光数为开发者支付相应的广告收入。

二、微博广告的发展趋向

1. 粉丝 = 广告价值

根据新闻内容报价单显示,这些微博的“粉丝”数量最少也有几万人,报价最低的是 200 元 / 条,具体报价按照“粉丝”的数量而调整。“粉丝”数量超过 60 万,报价为 2 000 元 / 条;“粉丝”数量接近 50 万,报价为 1 500 元 / 条;“粉丝”数量接近 30 万,报价超过 1 000 元 / 条;“粉丝”数量在 10 万至 30 万之间,报价为 500 元 / 条至 800 元 / 条。

2. 广告主的范围

明星效应到处可见,不光在现实中疯狂,在网络上更加疯狂,从博客中可窥非同一般,在微博中就更加疯狂,明星的“粉丝”数量上百万的比比皆是。比如说广告得找名人,可以当作是明星代言人。虽然说草根也有雄厚的人气,但在草根中推广广告是不稳定的,这些草根无非是借助于“语录”、“美女”、“段子”等相关话题带动人气。其他就是相关的互联网名人带动的巨大人气,这些互联网名人也等同于那些明星,要比一般的草根稳定。

不过网购公司的老总们可以尝试,因为这部分人毕竟是特殊人群,他们开微博发自身的广告,不会让受众反感,因为受众就是关注他们广告的。B2C 网站有不错的效果,这能给他们节省很大一笔广告费,可以直接赠与用户。

3. 粉丝剧增的公关公司

公关公司和很多大公司有着密切的利益关系,可以充分利用自身的有力资源，创造大量的粉丝，甚至可以直接修改粉丝数量，自身可以养号，可以说有一天微博真正发展了，其结果还是会和“水军”一样，无法辨别真伪。

第三节　微博广告的种类

随着社会经济的发展，广告已经出现在生活的方方面面，微博的发展更是日新月异，已经在普通百姓的身边。微博广告的种类可以从 5 个角度加以划分。

一、按照形态表现划分

1. 微博旗帜广告

最常用的广告尺寸是 486×60（或 80）像素，定位在网页中，大多用来表现广告内容。

2. 微博按钮式广告

最常用的按钮广告尺寸有四种，分别是：125×125、120×90、120×60、88×31 像素，定位在网页中，尺寸偏小，表现手法较简单。

3. 微博邮件列表广告

又名“直邮广告”，利用网站电子刊物服务中的电子邮件列表，将广告加在每天读者所订阅的刊物中发放给相应的邮箱所属人。

4. 微博墙纸式广告

把广告主所要表现的广告内容体现在墙纸上，并安排放在具有墙纸内容的网站上，以供感兴趣的人进行下载。

5. 微博电子邮件式广告

广告形式以 Banner 为主，广告体现在拥有免费电子邮件服务的网站上，广告会出现在个人邮箱的主页上。

6. 竞赛和推广式广告

广告主可以与网站一起合办他们认为感兴趣的网上竞赛或网上推广活动。

7. 微博插页式广告

又名“弹跳广告”，广告主选择自己喜欢的网站或栏目，在该网站或栏目出现之前插入一个新窗口以显示广告。

图 3-1 微博游戏网站登录首页广告

8. 微博互动游戏式广告

在一段页面游戏开始、中间、结束的时候，广告都可随时出现，并且可以根据广告主的产品要求，为之量身订做一个属于自己产品的互动游戏广告。

二、按照出现位置划分

按出现位置，可分为弹出广告、植入广告。一些网站或机构对“弹出式广告”和“插播式广告”的理解有一定的差别，但也可以将两者理解为同一类型，即“弹出式广告”是“插播式广告”中的一个类别。它们有点类似电视广告，都是打断正常节目的播放，强迫浏览者观看。插播式广告有各种尺寸，有全屏的也有小窗口的，而且互动程度也不同，从静态的到全部动态的都有。浏览者可以关闭窗口不看广告（电视广告是无法做到的），但是广告的出现没有任何征兆。广告主很喜欢这种广告形式，因为它们肯定会被浏览者看到。只要网络宽带足够，广告主完全可以使用全屏动画的插播式广告。这样屏幕上就没有什么能与广告主的信息“竞争”了。但是，可能引起浏览者的反感。大多数的网民，他们有自己的浏览习惯，他们选择自己要看的网站，点击他们想点的东西。网站或广告主强迫他们浏览广告，往往会使他们反感。

三、按照广告表现形式划分

按广告形式,可分为静态文字广告、静态图像广告、动态视频广告。文字,微博的内容局限于140个字，因此简短而富有哲理或者幽默成分的各种段子,是很受欢迎的;静态图像多和文字相结合,使所表达的内容更具说服力和吸引力,在某种程度上,动态图像的使用越频繁,给浏览者的印象越深刻;视频广告则是以直观的视觉冲击,迎合了大众的观看习惯,更能引起关注和转发,效果极佳。

四、按照广告范围划分

1. 对外推广

顾名思义,对外推广就是指针对站外潜在用户的推广。主要是通过一系列手段针对潜在用户进行诉求,以达到增加网站会员数或收入的目的。

图3-2　微博竞赛和推广式广告

2. 对内推广

对内推广是专门针对网站内部的推广。比如如何增加用户浏览频率、如何激活流失用户、如何增加频道之间的互动等。

五、按照广告营销方式划分

按照广告营销方式来划分,微博广告家族里还有两个重要的成员:微博软广告和微博硬广告。

在广告学理论上,硬软广告没有明确的定义,也没有明确的范围。硬广告大家比较熟悉,我们在报纸、杂志、电视、广播、网络五大媒体上看到和听到的那些宣传产品的纯广告就是硬广告。而媒体刊登或播放的那些新闻不像新闻、广告不像广告的有偿形象稿件,以及企业各种类型的活动赞助,被业界称为“软广告”。其特点是这些广告或以人物专访的形式出现,或以介绍企业新产品、分析本行业状况的通讯报道形式出现，而且大都附有企业名称或服务电话号码等。随着媒体技术的发展,软硬广告呈现出越来越多的形式。

微博软广告没有硬广告的那种“杀伤力”，但它对目标公众的渗透力很强。一方面软广告所具有的科普性、知识性、新闻性使读者愿意接受这些信息，并从中知晓一定的知识，让读者不知不觉地记住了该产品及其品牌，读者就不会产生一种抵抗心理；另一方面软广告是渐进式、润物细无声的，也就更容易被消费者接受。事实也证明，好的软广告可以发挥事半功倍、四两拨千斤的作用。虽然如此，软广告也面临着挑战。

其一，传播面太窄，时效性太差。软广告大多见于当日或当月的某种报纸杂志，传播面仅为报纸杂志的当期阅读者。企业要达到自己广告的目标，必须花更多的精力在软广告载体的策划上。

其二，整个行业软广告的操作上存在过分“溢美”。有的企业在软广告中为达到宣传自己的最佳效果，过分夸张或贬低他人，容易让消费者觉得企业宣传味太浓。他们认为企业是实实在在做出来的，而不是宣传出来的。长此以往，会产生排斥心理。

其三，媒体很难对软广告的质量严格把关。媒体水平存在差异，或者受经济利益驱动，把关难将导致一些虚假信息广告出现，欺骗消费者，最终会导致整个软广告的名声下降，影响软广告的发展。

其四，软广告有可能面临封杀。随着新闻媒体行业自律越来越规范，将抵制任何形式的有偿新闻，软广告就是其中的一种类型。现在已经有几个大的媒体开始行动，抵制有偿新闻。

可见，微博软硬广告各有优劣，可以互相补充。许多广告主如格兰仕、海尔、奥克斯等企业在注重硬广告投入的同时，建立起其完善程度不亚于销售网络的软广告发布网络和平台，然后再根据自己的市场推广策略，遍地开花地发布自己的软广告，对促进销售及提高品牌知名度起到重要作用。企业应该结合自己的实际，发挥硬软广告的各自特点，去探索适合本企业的广告方式。

第四节　微博营销概述

从传统的 BBS 营销到博客营销，再到 SNS 营销的高速发展，2010 年中国的互联网互动式营销又迎来了“微博”时代。

在电视台、电台、平面媒体、网络媒体上，我们随处可以听到一种声音：“如有更多建议,欢迎登录我们的微博,与我们进行互动和交流。"忽如一夜春风来,千个万个微博开。面对变化如此之快的互动式营销模式和手段,传统媒体对新兴媒体的态度趋之若鹜,因此,企业如何进行有效的规划,使之品牌特点和营销手段相贴合,最大化地影响其目标人群,进而产生巨大的经济效益,这已经成为了现在企业市场营销人员所面临的巨大问题。

2010年,随着新浪、腾讯、网易、搜狐等四大门户加入微博大战后,微博成为社交媒体中用户最活跃的平台,大大改变了媒体和信息传播模式。调查发现,80%以上的用户使用微博进行过信息搜索,而微博上的热议话题也能变为社会焦点话题。

从微博上"抢人、抢地盘"已经不限于四大门户,微博正在被越来越多的网络运营商所重视。当各家电子商务还停留在比拼价格战、物流战时,已经有不少聪明的商家先瞄准了"微博"这个天然的"土壤"。如淘宝商城、1号店、中粮我买网、趣玩网等B2C商城纷纷入驻微博。趣玩网是第一家入驻微博这块宝地的企业。

微博,正凭借其势不可挡的发展势头,创建了"微博营销"这一扇新门。

一、微博营销与博客营销的区别

微博营销与博客营销的本质区别,可以从下面三个方面进行比较。

1. 信息源的表现形式差异

博客营销以博客文章(信息源)的价值为基础,并且以个人观点表述为主要模式,每篇博客文章表现为独立的一个网页,因此对内容的数量和质量有一定要求,这也是博客营销的瓶颈之一。微博内容则短小精炼,重点在于表达现在发生了什么有趣(有价值)的事情,而不是系统的、严谨的企业新闻或产品介绍。

2. 信息传播模式的差异

微博注重时效性。微博的传播渠道,除了相互关注的好友(粉丝)直接浏览之外,还可以通过好友的转发向更多的人群传播。博客营销除了用户直接进入网站或者RSS订阅浏览之外,往往还可以通过搜索引擎搜索获得持续的浏览,博客对时效性要求不高的特点决定了博客可以获得多个渠道用户的长期关注,因此建立多渠道的传播对博客营销是有价值的,而对于未知群体进行没有目的的"微博营销"通常是没有意义的。

3. 用户获取信息及行为的差异

用户可以利用电脑、手机等多种终端获取微博信息,发挥了"碎片时间资源集合"的价值,也正由于信息碎片化以及时间碎片化,用户通常不会立即做出某种购买决策,作为硬性推广手段只能适得其反。

将以上差异归纳起来可以看出:博客营销以信息源的价值为核心,主要体现信息本身的价值;微博营销以信息源的发布者为核心,体现了人的核心地位,但某个具体的人在社会网络中的地位,又取决于他的朋友圈子对他的言论的关注程度,以及朋友圈子的影响力(即群体网络资源)。

二、微博的品牌营销价值

微博到底能为营销做什么?迈势媒体的数字总监徐晟认为微博用户的价值是变现的,而且回报率很高:"在微博上,我们可以看到一个用户的影响力,如果每个粉丝都换成钱的话,你就知道这个微博的博主有多大价值。"总结下来,微博对营销有重要的价值。

1. 帮助企业迅速提升品牌的名气

微博的人气很旺,只要发的内容是比较热门的,或者是比较新颖的,那往往吸引用户。比如国外的 Twitter 网站,他们发帖子的时候也都是选一些比较有趣的故事或者消息,吸引大量的用户阅读,久而久之微博的人气就提升上去了,这也就给企业带来一定的效果。在此基础上,Twitter 发布有关公司的各类帖子,如企业成就、新闻稿或推广网站的链接、回答 Twitter 用户关于企业品牌的各类问题,同样也会获得跟随者的追捧,无形中提升了公司的知名度。用这种方式开展网络营销,是"微博"最直接的价值体现。

微博的传播效果较好, 因此如果品牌能激发微博用户主动传播其信息,就可以迅速提升知名度。例如"世界杯"期间,"4399"游戏网站站长蔡文胜发了一条微博:"为感谢博友们支持,配合世界杯和大家互动一下。大家可以竞猜世界杯最后四强排名。一,评论我这条微博,写出四强顺序,并转发到你自己微博留底,如:阿根廷、德国、巴西、英格兰。二,我们会以最先回复时间来计算前 32 位猜中者,送出 32 部 iPhone4。" 简单的一个活动,收获了 30 万人参与,同时这几十万人也把蔡文胜和"4399"记住了。

2. 推动新产品和新服务的推广

例如,海底捞曾通过微博推出了一个"火锅外卖"新服务,通过丁丁张的微博发布:"海底捞提供外送服务,在网站上的订餐可在 1.5 小时内到达,看看他们能送来什么:电磁炉、锅子、三把勺子,按人数提供围裙、餐布,大垃圾桶及垃圾袋,相关菜品,底料、蘸料、袋装葱花和袋装香菜,还带了花生米和西瓜。"在短短的时间当中,这个信息就被几千人评论并得到上千次的转发,而且转发和评论者都是最有影响力的微博用户。

3. 成为中小企业低成本的营销工具

2010 年 5 月 17 日,新浪微博上出现一个很有意思的 ID:理想大厦 b1 便利店。于是,这个成立了不到 2 天的微博账号引发了"小范围"的关注,理想大厦 b1 便利店发布的第一条信息如下:"我是理想国际 b1 便利店,我开微博了,我会每天更新产品,大家如果有需要的商品可以给我发私信、呼我、给我写评论,我们给大家送过去。" 不到 2 天时间,这个微博引发了 361 次转发和 169 个评论。这对于一个只拥有 470 个好友的"小影响力"账号来说,是一个不小的数字。

4. 为公关服务

微博既是品牌的推手,同时又可能成为扼杀品牌的快刀和利剑,怎样才能不被那些危害品牌的信息和观点砍死? 首先,企业可通过微博开辟自己的声音渠道,建立自己的微博用户群,比如一些航空公司鼓励自己的员工建立微博。其次,企业可以通过微博与记者、博主以及其他媒体人加强交流,从而处理好企业外围的舆论关系。企业还可以通过微博发现舆论危机的迹象,并及时解决。例如,中国扶贫基金会曾收到一条质疑他们的微博私信,他们及时把这个信转发到自己微博上,然后对信息进行解释,这使公众感受到中国扶贫基金会所宣称的透明原则,它由被动变为主动,赢得了公众的信任。

5. 跟踪推动品牌传播

在微博上, 很多消费者对品牌信息的反应情况都是可以跟踪和统计的,因此企业可用微博整合线上、线下的传播活动。世界杯期间,伊利营养舒化奶开设了"活力宝贝"微博,结合世界杯开展了一系列互动活动,比如"看世界杯,猜赢家,抢伊利营养舒化奶"等。这使球迷的观赛体验变得更加刺激、紧张和精彩,除此之外,为了广大球迷的身体健康,活力宝贝还会不定时地提示大家要注意补充体力,保持身体活力。在短短一个半月的时间里,活力宝贝微博粉丝的数量就已超过七万人。

6. 改进客户服务

企业微博可以针对忠诚用户反馈一些服务信息, 同时有人抱怨企业的时候,还可跟他进行实时交流,如果企业能预见到产品的一些小问题时,可通过微博告诉消费者,快速消除他们的抱怨,而不要让抱怨在人群中传播。例如,Zappos 在网上卖鞋起家,现在已经变成了一个名副其实的网络百货商场。Zappos 的客户是一群年轻并蜗居于网络的人。其首席执行官 Tony Hsieh 以 CEO 的名义开了 Twitter 账户，其拥有 169 万之多的追随者，这种做法表明了 Zappos 乐于接近消费者，Tony Hsieh 非常坦诚地跟用户进行沟通，给整个公司的品牌带来了良好的影响。

总之，微博是企业实现品牌营销的有力武器，企业要学会利用微博营销，让品牌更有活力。

【微博品牌营销经典案例】

诺基亚首款搭载 Symbian3 系统的手机——诺基亚 N8，在 2010 年 8 月 25 日上午采用全新微博直播的方式在线上发布。8 月 25 日上午 10 点 30 分，诺基亚联合新浪微博、人人网、开心网和优酷网的全社交网络发布会开幕。直播会当天，新浪微博首页推出诺基亚 N8 手机“微博发布会”，7 小时内即收到微博评论、转发共 89 034 条，诺基亚新浪微博首页关心人数达到 49 277 人次，被业内称作品牌营销的又一成功案例。

图 4-1 诺基亚 N8 发布会微博直播

三、微博营销优缺点

那么微博为何会以如此迅速的步伐占领庞大的市场，赢得广大网名的青睐呢？微博必有其过人之处，从上述案例我们可以对微博营销进行一次优缺点的分析。

1. 优点

(1)操作简单,信息发布便捷

一条微博,最多140个字,只需要简单构思,就可以完成一条信息的发布,这点就比博客要方便得多,毕竟构思一篇好博文,需要花费很多的时间与精力。微博营销优于传统的广告行业,发布信息的主体无须经过繁复的行政审批,从而节约了大量的时间和成本。微博最显著特征之一就是其传播迅速。一条被关注度较高的微博在互联网及与之关联的手机WAP平台上发出后,短时间内互动性转发就可以抵达微博世界的每一个角落,达到短时间内最多的目击人数。

与博客相比,微博把话语权进一步下放。以往的博客写作门槛比较高,没有一定的文字功底很难完整准确地表达个人的情感,记录个人内心真实的想法,且被阅读率也不是很高。而微博不同,微博的优势之一就体现在此处,保证让人人有话说,人人可以说,只要你拥有一个微博账号且拥有一台电脑或是一部手机,便可以随心所欲,按自己的心情记录身边的点点滴滴,同时也进一步削弱了博客中精英的话语权,凸显了草根性与平民化。

图 4-2　新浪微博首页

在微博上,每个人都是记录者和关注者,任何人都可以用网络或者手机,在最短的时间内,发布任何想说的话。这样的方式正改变着人们的表述方式和生活,也让"每日新闻"变成了"每秒新闻"。

2009年7月,流行音乐天王迈克尔·杰克逊的死讯尚未被证实之前已经有大批歌迷赶到杰克逊就医的洛杉矶加州大学医院,他们的消息正是来自微博。在全球电子与平面媒体还来不及处理这则爆炸性大新闻时,Twitter就已经拥有上万条的相关讨论讯息,迅速让这令全球乐迷心碎的逝讯散播至世界各地。在国内,李开复辞职的消息最早也是他在自己的微博上发出的,从而引起了媒体和公众的广泛关注。还有胡舒立决定离开《财经》,也是《财经》的发言人在微博上宣布的。因此,与其他传播方式相比,微博的传播速度更快,关注的人更多,时效性更强。

(2)立体化

微博营销可以借助先进多媒体技术手段,利用文字、图片、视频等展现形式对产品进行描述,从而使潜在消费者更形象直接地接受信息。

(3)广泛性

通过粉丝关注的形式进行病毒式的传播,影响面非常广泛,同时,名人效应能够使事件的传播量呈几何级放大。

(4)互动性强,能与粉丝即时沟通,及时获得用户反馈

互联网区别于四大媒体的重要一点是它的互动性,网络广告的互动性决定了网上的旗帜广告和电视广告不一样,电视广告可以强迫收看。但是网民上一个网站的时候,他们是有目的的,会有选择性地看,并不会强求,不喜欢的立即会跳过,互联网的优势就凸现出来了。然而,互联网的互动性却不是面向大众,它的使用人群还是会有局限性的,例如不懂如何运用电脑的人自然不会去运用网络这一大好的资源。使用微博的人都知道,微博的特点是信息公开、可以被搜索到、信息传播快等,互动性极强。微博作者发的每条信息都能即时送到关注者的首页,而无需对方主动访问。同时,微博网站一般都提供一键转发功能,可以将信息瞬间转给更多用户,更增强了微博的互动性。除了通过微博快速发布信息外,用户还可以在微博精简的操作界面上快速发布评论和感想。在微博中,博主与网民之间的"对话"如同"面对面"一样,互动性极强。

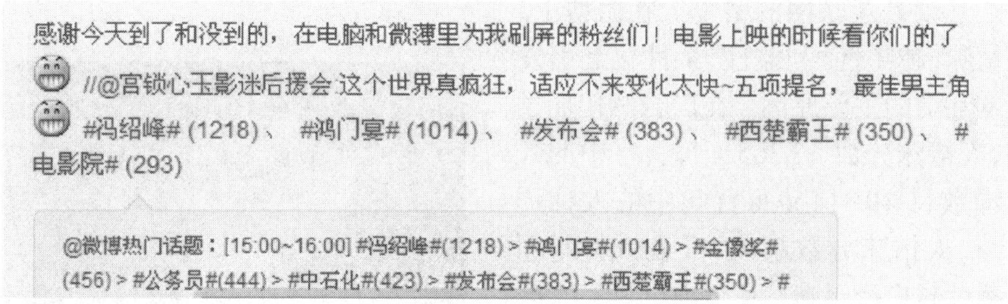

图 4–3　微博互动

2. 缺点

(1)需要有足够的粉丝才能达到传播的效果,人气是微博营销的基础。应该说在没有任何知名度和人气的情况下去通过微博营销,很难。

(2)微博里新内容产生的速度太快,发布的信息,粉丝没有及时关注到,那就很可能被埋没在海量的信息中了。

(3)传播力有限。一条微博文章只有几十个字,所以其往往在信息所在平台传播,很难像博客文章那样,被大量转载。同时微博缺乏足够的趣味性和娱乐性,所以一条信息也很难像开心网中的转贴那样,被大量转贴(除非是极具影响力的名人或机构)。

四、微博营销模式

1. 品牌及产品曝光

一些较大企业,如星巴克,经营微博的目标是希望通过微博来做品牌。它通过微博发布一些品牌信息，与客户建立关系，为品牌服务。@星巴克中国(“@”为微博交流中常用“提到……”的工具)的微博上一块重要内容就是星巴克近期的活动以及新品等品牌信息，比如 # 星巴克迎来金秋咖啡季 #、#10 月 18 日亚运期待星巴克有奖问答获奖 #、# 沉醉咖啡体验 @ 北京站招募中 #(“# ……#”为微博中以“#”内的内容为主题的交流方式)。星巴克非常擅长客户关系维系之道,比如和粉丝的互动:@ 张庆微博 :咖啡的 7 种香气,品尝不同咖啡时,总有几种香气会强烈地窜出来。@ 星巴克中国 :咖啡的七种香气,你能说出几种?诸如此类的巧妙互动数不胜数,引发大量粉丝的转发评论。目前,星巴克中国的粉丝数已达 11 334,几乎每一条微博都有 20 余条评论,广州咖啡馆体验转发微博达 800 余条。

2. 互动营销活动

互动是互联网的精髓。在微博上，人情味、趣味性、利益性、个性化是引发网友互动的主要原因。在广告和传播学中,人情味分数 =3.365 × 每百字中的人称词数目 +0.314 × 每百句中的人称词数目,人情味分数越高,广告或者新闻传播就越广泛迅速。所以,在微博上,公司一定要与用户进行“朋友式的交流”。

图 4–4　星巴克广告

例如,微博里备受关注的“生活小智慧”写的《卧室内绝不能摆放的 11 种花》，就有 3 483 次个人转发以及 199

次个人评论。

图 4–5　关于“生活小智慧”的微博

进入星巴克的新浪微博,我们看到博主是一个非常有创意的咖啡人,博文都是和咖啡生活相关、图文并茂的温情慰问:“星巴克迎来金秋咖啡季。早上好,星巴克早餐综合咖啡开启清新一天。你的清晨从什么开始?”就像是自己身边朋友的慰问一样,大家的评论、转发热情也非常高。

2010 年 9 月 28 日，国内知名装饰公司元洲装饰在新浪微博上发表了一篇名为“元洲找国庆,网友抢沙发,盖微博第一高楼”的微博。元洲装饰在设计微博内容时,将微博拟化为人的口吻,不刻板严肃,只求个性化的沟通:“我喜欢在你身上爬来爬去,喜欢抚摸你的每寸肌肤,喜欢躺在你的怀抱,我一刻也离不开你，我爱你———SOFA，沙发！呵呵，# 元洲寻找国庆 # 专职抢沙发的机不可失啦！”诸如此类的语言风格让网友们如沐春风。截至 10 月 7 日，该微博已经被转发 10 119 次，共有 10 211 人对此发表了评论，从而创造了中国家装微博史上第一高楼的神话。

3. 硬广告形式

Twitter 允许个人用户通过在个人页面中插入广告获利，用户可以自主邀请广告主购买个人网页的广告位，双方协商投放时间和收取费用。为了保证广告主的利益，广告播出期间的每一小时，用户都可以按比例获得由 Twitter 广告部门设定的虚拟账户中的金额，广告完成后，钱才能转入用户真实账户中。这种开放的心态，愿意将所得营销费用的绝大部分让利给用户，的确能让用户欢呼雀跃，大大地激发了用户的参与热情。同时，以许可式、自主式进行广告播放，营销效果更好。

图 4-6　在 Twitter 上的广告

4. 植入式营销

微博将是植入式广告的最好载体之一。一种植入式广告的做法就是做些搞笑创意的图片，打上自己公司的 logo，比如，一个匡威的广告，它看上去是在脚上画了一双鞋，很搞笑，于是立即引起成千上万个粉丝的关注和讨论。

植入式广告在官方微博发布平台最新活动，或者直接介绍某个单品，如果你的粉丝够多,关注度自然也高。

图 4–7　匡威鞋的微博广告

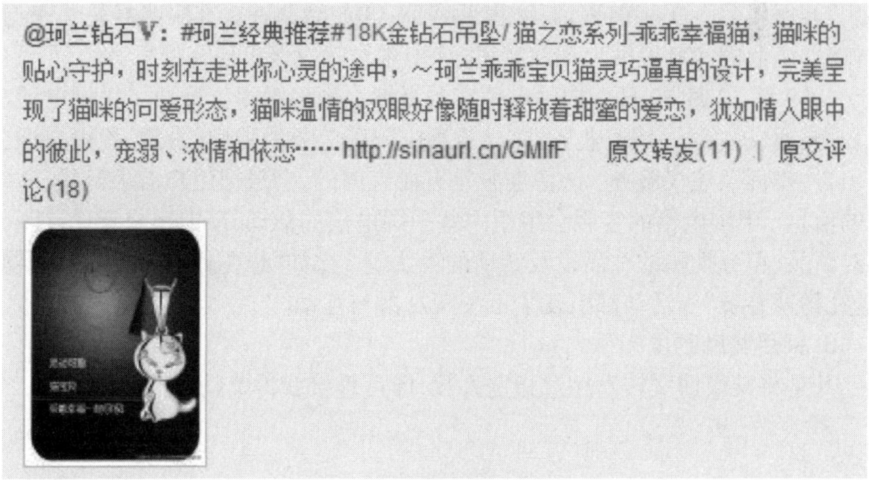

图 4–8　珂兰钻石微博植入广告

每一次新的营销模式的开启,都将带来一个全新的营销理念,并带来一个全新的营销机会,哪家企业能够抓住这次机会,哪家企业就能得到迅速的发展,期待中国的企业能够抓住此次契机赢得一个美好的未来。

先看一个宝马的植入式广告:“我终究没能飙得过那辆宝马,只能眼看着它在夕阳中绝尘而去,不是我的引擎不好,而是我的车链子掉了。”LV 推出一款时尚的新包,兰蔻推出的一种化妆品,宝马的一款新车,通过一幅照片、一个话题、一个故事,加上代言人的人气,可以立即引起成千上万个粉丝的关注和讨论。

曾看到一个搞笑咪咪的微博在网上疯狂转播,内容是各种搞笑的。仔细一看,原来是一个医疗器械公司 GE 医疗在利用微博红人 PP 猪漫画的名气和人气做植入式营销。内容搞笑实用,着实吸引了不少人的评论转发,在一转十、十转百中,营销的效果就达到了。

还有一种植入式广告的做法就是做些搞笑创意的图片,打上自己公司的 logo,比如蔡文胜投资的公司——美图秀秀。美图秀秀的营销方式很简单,专门在网上找那些经典有趣且受众面广的图片进行美化,然后打上美图秀秀的 logo,只要有传播就有影响力。

5. 在线客户服务

微博具备全天候 24 小时、面对面、即时性、一对多等服务特性,所以,微博为企业客服打开了一个新鲜的窗口。服务型企业在进入微博的第一时间就需要建立一个“客服账号”,这个层面的服务是企业存在的一个证明。企业可以充分利用“客服账号”:①售前咨询;②售后咨询;③产品调查。客服账号是快速响应的账号,企业的 400 电话出现在哪里,这个账号就应该出现在哪里。

2009 年 12 月 30 日,中国电信客服微博在新浪微博上开通,提供电话、宽带、小灵通、e8 套餐、增值业务、综合信息应用等业务的咨询、受理、费用查询、障碍申告、投诉及建议服务。微博客服是有血有肉的,会根据用户需求寻找一些相关的信息。中国电信的客服会组织一些中国电信的活动,反馈客户意见,征求大家对新品、积分换购的礼品以及活动的看法等。比如“想要什么样的春节礼物”、“送礼物迎春节”等活动都引发了不少网友参与互动。

6. 采用奖励制度

凡是将某篇博文转发超过指定人数,即可直接获得奖励或抽奖。

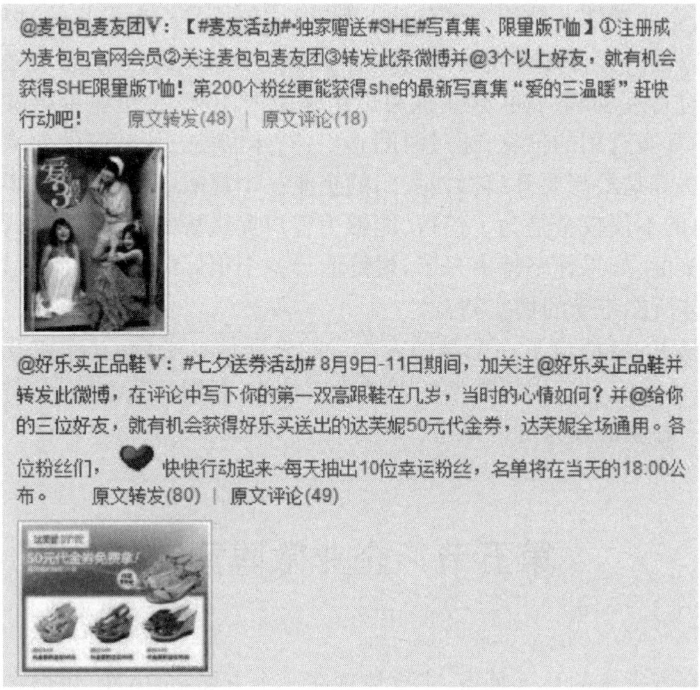

图 4-9 麦包包网站奖励的微博广告

由于微博转发的便捷性，只要获奖门槛不高，很多博友都会纷纷转发，一转十，十转百，巨大的网络传播力量就在于此。

7. 名人广告

平台 CEO 或创始人独立开博，对当前热点事件或人物或所处相关行业发表自己的观点或原创博文，坚持更新，拉拢粉丝关注，关注人的本身，自然也会关注博主是干什么的，以人带站，从而达到宣传平台的目的。

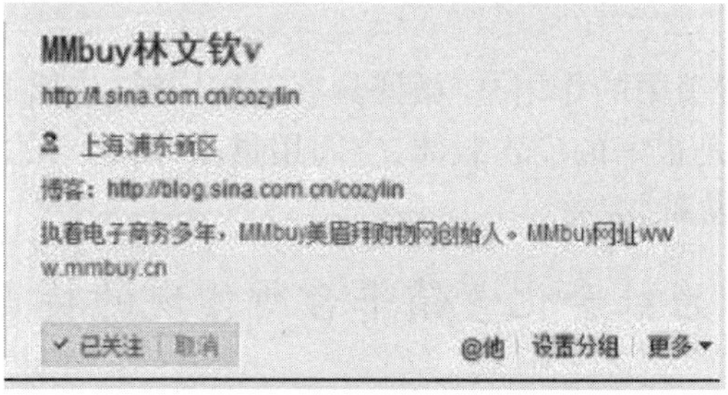

图 4-10 微博名人广告

总之,企业微博营销切不可急功近利,微博传播是一个漫长的过程,需要时间和持之以恒的努力方有成效。然而,作为企业要做微博营销,最有效的还是与目标用户进行互动和沟通,大企业可以组建微博团队,小企业可以发动公司员工,多分享真实有用的信息,通过时间累积,同样也会有比较好的效果。以上微博营销方法算是给想要开启微博大门的企业一个提醒,其实社会化媒体最终在于关系,目的不仅仅全是为了销售,能够为客户提供售前售后的帮助,才能保持用户的忠实度,如果你坚持下来了,最终取得一个很好的口碑传播效果,这就是社会化媒体所能带来的切实利益!

显而易见,微博成了一个继博客之后的全新信息平台,其作用及影响力正与日俱增,如能充分运用好微博的营销推广功能,利用其互动性,它将成为电子商务平台一种新的媒介宣传渠道。

第五节　企业微博营销

微博有着一定的显著特点,主要体现在三个方面:个体性、短信息、及时性。也就是说,微博的信息都是短小精悍的。因此微博不会像传统新闻或社区论坛那样对长篇大论的新闻或事件背景进行介绍和分析,而更多的是表达用户对事件的主观看法。因此,关注微博的时候,可能无法像看新浪新闻或者天涯社区那样,看到完整的事件和故事情节。

没有一种媒介形态是万能的,各自都有各自的长处。微博在用户参与方面,随着手机互联网的发展,具有很大的优势。这也是 Twitter 在美国迅速成长的原因所在。新浪微博巧妙引入了“新闻资讯”,各家媒体的新闻以微博短消息的形式出现,很有个性。

微博在网络营销中的作用是:微博具有连接广泛、传播速度快、内容丰富、成本低廉等特点,是很好的广告载体,空间用量小,所记录的信息简洁,方便信息随时随地更新、发布、沟通。

一、微博作为社会化营销平台所体现的特点

1. 软传播

什么是软传播？其实微博的软传播是指一个社会化的特征。我们可以以企

业在微博中的营销来做分析，企业如果是想利用好微博这个平台做推广，那么必须是放下身段的、草根式的传播，而不能是一种高姿态的、强制性的、宣传性的传播。毕竟草根还是更加容易被大众群体接受的，春晚的“旭日阳刚”和“西单女孩”就是最好的例子。

2. 实时性

实时性特征是指微博的媒体特征。我们先理解“实时”一词，就是当下的、当前发生的、非常新鲜的，现在的互联网时代，什么事情都在不断发生并且快速传播，如果你的信息不具备“实时性”的特征是很难挑起大众的兴趣的。

微博可以通过我们 PC 的终端来编辑，另外好多微博现在已经开通了 3G 甚至微博客户端，所以通过手机也可以编写微博，手机的普遍应用给微博的实时性增添了色彩。

3. 参与性

有了“实时”的信息，再加上大众群体的直接参与，就能很好地带动每一个大众群体参与进来，那么营销的元素就可以在其中渗透，你渗透得好，微博的平台给你传播，那就能达到很好的效果。

4. 互动性

微博是大众群体主导的社会化媒体，因此如果没有广大的用户来加入互动，是达不到传播的效果的。其实我们通过一些火热的话题就能发现，大众的参与度以及互动度是多么高，一般的营销手段无法做到这样。

微博的互动不仅是参与互相讨论，更能以转载的形式大面积地广播，这就具有了高度的互动性，在这种高度互动的潮流中，微博营销必会有所作为。

5. 标签档

微博的标签可以让您的微博更好地被别人查找，当然您也可以很方便地查找到其他人，但是前提是设置了标签。

6. 新文化

从网络文化这点来说，微博属于新生产物，有“围脖”之说，那么微博就属于新文化的范畴。对于新文化，首先从宣传、体验开始，在宣传、体验注入的同时，营销也就在这里驻留了。

7. 粉丝塑造红人

粉丝这个词是相对于崇拜者来说的，也就是说假如您的微博的粉丝足够多，那么您就是一个网络红人了，您的所写会被更多人关注，假如您是个软营销高手，更是如虎添翼！

8. 隐蔽性

好的内容总有余味未尽的时候，尤其是微博所带的URL是以网址跳转的形式出现,那么就具有了隐蔽性,余味未尽的朋友会跟踪您的URL。

9. 短小精悍

微博有字数限制和图片大小限制等,那么您所写的文章字数和图片以及视频音乐必须要严格控制,在这样的条件下,您想实现营销,微博的图文等必须精心设计。

10. 传播性

微博的内容假如足够吸引人,就会有大量的人去转载,转载就代表了传播,传播就会带来相应的宣传,宣传也是营销驻留的地方,尤其是软宣传,可谓是无形杀手。

11. 微博群

微博群是一个具体的群体,具有高效的针对性,针对微博群营销具有高效的相关性。

现在部分知名企业已经率先建立了自己的官方微博，并且获得了很多用户的关注,企业微博非常活跃,为研究企业微博营销提供了参考。企业微博的目标，需要结合企业的网络营销环境并根据实际应用进程进行不断的调整和完善,有些偏重网络品牌,有些强调在线客服,有些可能仅仅作为企业信息发布工具。具体到某个企业,微博的作用可能在某些方面比较显著,而另外一些方面的价值在某一时期内可能并未表现出来，这些都属于企业微博发展中的正常现象。

下面举一些企业在微博上做广告的例子。

【案例一】 膜法世家1908:小企业如何使用大微博

这家小企业叫膜法世家,是淘宝网上一个5皇冠网店的名字,同时也是他们自有品牌产品的名字。网店很奇特,30个人团结起来,专注面膜这个小产品的开发和零售。在不到2年的时间里,他们做到了5皇冠,在淘宝网的化妆品排名榜上名列前十,成为淘宝网上的一个奇迹。

在淘宝网上成为5皇冠,必须做满20万笔生意。2年时间里,他们兢兢业业每天做好300笔生意,不敢一丝一毫怠慢,20万笔生意下来竟然没有一个差评,是100%的好评。全团队每个人都把客户服务和产品口碑看得比利润还重要,就凭着这,他们有太多太多的故事。

他们的生意做得这样井井有条,每年花费的广告钱也不少,起码都在百万以上。作为生意人,他们知道做广告的重要,但是这么多钱花出去,和自己的客户却说不上几句话,这个让他们很郁闷。有了微博,他们可以与客户直接交流。他们的产品是天天敷在女人脸上的,知道客户的体验,就算花钱去买,也是他们愿意做的事情。

图 5-1 膜法世家

【案例二】 微博助戴尔营销

2010 年 3 月 6 日晚,网友"书金如"有些意外他在新浪微博中就戴尔维修部拥挤不堪而质疑产品质量的留言居然收到了回复:"消消气。谁没有事去维修点啊,好比去医院当然都是病人。请问您的问题解决了吗?"

这样的俏皮话让屏幕后的他不禁莞尔一笑。而同时,网线另一端的戴尔人,多少也要为这句漂亮的答复自鸣得意一番,这条精彩的当日最后留言被发布之后,他们显然认为自己已经准备好了。翌日,戴尔新浪微博正式上线。

无可否认,这类微型文本的诞生,与人类的长篇书写与阅读相比可能是个悲剧。然而,在另一方面如果将它与商业社会相联系,你会发现,它在西装革履的乏味中,一如那个可爱的谐音昵称——"围脖",给人以温暖,是喜剧。

通过一则留言就不经意地将"书金如"和"跟"了他的关注者们纳入自己的微博营销链中,这样的化学反应早已被戴尔所预见。事实上,这家以电话和在线方式坚守直销模式的公司,很早就通过 Twitter 这个微博理念的最初实践者拥抱了微博营销这一新工具、新理念——网上柜台,根据不久前戴尔发布的信息,他们在 Twitter 上用来宣布各种销售讯息的"@DellOutlet"账号,目前有近 150 万名追随者;而通过这一渠道宣传促销而卖出的 PC、计算机配件和软件,已进账650 万美元;有超过 100 名的员工发送 Tweets(即 Twitter 消息)给顾客。

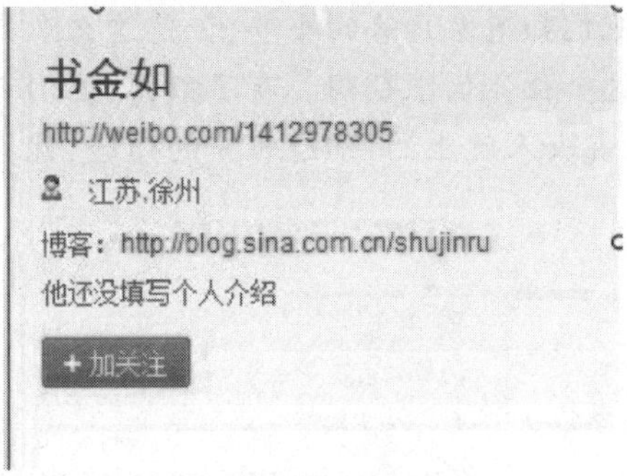

图 5-2　书金如微博

戴尔在线部门副总经理马尼什·梅赫表示:“对我们而言，这是一个非常活跃的渠道,并且正急速成长。不仅是我们与顾客的接触和成长有进展,全球都有同样的现象。”他说,戴尔的 Twitter 账号在 12 个国家都有追随者。过去 8 个月来,单是巴西的用户就创造了 80 万美元的业绩。

上述事实意味着,Twitter 这个本来被视作企业品牌宣传的窗口，已经被戴尔变成了可以盈利的柜台了。这就不难理解在中国,互联网对 Twitter 实行闭关政策、业界对微博抱以观望态度的背景下,戴尔仍毫不犹豫地在新浪上开出微博。“作为全球电子商务领军人之一,我们很自然地在战略上做了以下决定:中国将是戴尔继美国以后,通过社会性媒体和用户进行沟通的另一个前沿阵地。”戴尔大中华区消费者事业部直销业务总经理陈建豪在他的博客中写道。

不只是少数人对戴尔公布的 Twitter 宣传促销数据感到好奇。毕竟,微博的社会化媒体属性,注定了评估营销投资回报将是公司的营销主管们深感困扰的事情。来自戴尔的直接解释则是,在 Twitter 上卖东西,不需要刊登费和广告费。而同时哈佛大学商学院的一项研究报告分析,如果戴尔的某款电脑产品只剩下 45 件存货,此时花钱去热门拍卖网站 eBay 另设新的网页卖场,从成本利润的角度来看并不划算。因此,戴尔在 Twitter 上设立了名为“@DellOutlet”的账户,作为以特惠价出清存货的销售通路,结果引来消费者热烈回响,生意相当之好。

戴尔在微博上要达到的目标是双重的:既要使品牌得以推广,又要使公司形象更具人性化。

作为一家消费类电子的明星公司,无论戴尔喜欢与否,用户在网络上关于其产品的对话,甚至“书金如”式的非议总是会发生的,问题在于是否参与这些对话。无疑,介入总比置身事外更明智。通过对话,从中学习,会大大加快企业触角的反应速度。

浏览戴尔的新浪微博不难发现，企业信息不是它的全部。“今天植树节，听说技术部的同事一会儿会去公园种树。你们有什么打算呢？”这样的闲闲一笔屡见不鲜。在微博上要以真实面目示人，诚挚、透明、幽默，让读者不仅感到一丝惊讶，更觉得可以接近和信赖，而不是在与一个冰冷的机构打交道——这一点正在逐渐成为共识。

“不要把社会化媒体视为一个直接营销工具。你一旦开始向别人推销，大部分人就会立即切断与你的对话。”戴尔电脑 CEO 迈克尔·戴尔如是说。

许多公司对员工将自己的职务信息公布在社交网络上持谨慎态度，一些公司甚至对员工在社交媒体、微博等地方谈论工作内容做出了严格的限制。马尼什·梅赫对此则不能认同：“在戴尔，除了企业的社会化媒体账号，我们也鼓励员工在网上亮明自己的身份，作为企业的形象大使和用户交流。”从产品研发到客户支持，戴尔各个部门的员工与用户进行全面接触，这也成为了他们营销与沟通计划的一部分。

参与这项计划的戴尔员工们，可以在微博上分享快乐、记叙心情甚至是对工作发发牢骚。随机的发言，碎片化的语言形式，使微博这个“碎碎念”渐渐成了一种个性的微关怀。

陈建豪说：“只有当社会化媒体真正变成了公司每个成员的工作，它才会发挥最大作用。”“企业的个性，不正是千千万万员工个性的汇总吗？戴尔在中国有成千上万名员工，有谁会比他们更了解我们的产品、品牌和客户需求，有谁会是比他们更好的戴尔品牌大使呢？”

二、企业微博营销手法

微博确实能给企业带来收益，在新浪微博刚开始内测的时候，凡客就成了第一批用户。与此同时，凡客还专门招聘了一位员工负责微博的管理。凡客和新浪合作的第一件事就是送“围脖”。把微博说成“围脖”这件事是凡客做的，如果明星注册的话就送凡客的围脖。所以很多明星、名人收到了凡客的围脖，他们在微博上议论这件事，晒照片，此次活动对凡客的品牌微博有很大的拉升作用，知名度也提高了（微博中到处能看到网友转播韩寒代言凡客的广告）。

除此之外，凡客还连续推出一系列活动：1 元秒杀原价 888 元服装，网购豪礼相送，邀请姚晨、徐静蕾等名人互动吸引用户，利用畅销服装的设计师讲述设计背后的故事，让刚入职三个月的员工大肆抒发感性情怀……当绝大部分企业还搞不清微博为何物时，凡客已经迅速聚拢了人气。

除了做各种活动之外,凡客还通过对个人所发微博的分析,大体得出这个人的性格和喜好。并通过跟踪用户对公司产品、服务的反馈意见,做出相应调整。针对个人的信息进行收集并分析,最终作出恰当的回应,微博的商业价值就体现在这里。这是一种转化商业价值的方法。

企业要想在微博上做好营销,需要掌握正确的操作方法:企业微博有自己独特的特点,同时与大多数网络营销方法类似,企业微博营销也要遵从网络营销信息传递的一般规律:网络信息源建设—网络传播渠道扩展—用户获取信息并做出反应。因此,这里简要分析企业微博营销的基本流程和方法,请各位参考,并根据自己的实践体验不断完善。

(1)选择微博平台:应该选择一个有影响力、集中了目标用户群体的微博客平台,在此平台上开设企业微博账号,获得发布信息的基本资格(一般情况下,不建议企业自行开独立微博)。

(2)勾画企业形象:通过微博的"个人设置",让别人通过你的微博首页可以了解企业的基本信息并产生信任感,如品牌名称、核心产品、独特优势等,此后应发布若干有关企业介绍的微博,再开始寻求别人的关注。

(3)微博信息发布:这是一项持久的、连续的工作,微博应保持不断更新,同时注意,微博内容的写作和选择至关重要,企业微博虽然是个人操作,但在表现方式上应以企业为主体,尽可能避免个人情绪化的表达方式;微博的内容信息尽量多样化,最好每篇文字都带有图片、视频等多媒体信息,这样具有较好的视觉体验;微博内容尽量包含合适的话题或标签,以利于微博搜索。发布的内容要有价值,例如提供特价或打折信息、限时内的商品打折活动,可以带来不错的传播效果。微博信息每日都进行更新,要有规律地进行更新,每天十条信息左右,一小时内不要连发几条信息,抓住高峰发帖时间更新信息。

(4)营造微博环境:尽可能参与博客平台的互动活动。因为微博是 SNS 的一种形式,独自发布信息而没有别人关注是没有意义的。参与互动的方式包括:关注业内重要机构以及要人、关注与企业相关的行业动态、关注那些关注自己的人,通过转发、评论他人微博等方式获得他人关注,获得尽可能多的关注,是微博营销的基础。

(5)企业微博推广:与企业网站推广类似,可以通过电子邮件、QQ、印刷品、产品外包装等方式,把企业微博网址告诉更多的用户,同时也可以邀请更多用户加入微博阵营,让大家通过微博实现更好的沟通。

(6)放大传播效应:微博最大的特点之一是,可以通过 SNS 好友圈子快速实现信息在更大范围的传播，当拥有一定量的好友资源之后，通过信息的有效设计（如一定的激励手段），实现在好友之间、以及好友的好友之间信息的全方位放大传播。

（7）焦点营销：焦点营销也叫做事件营销。比如某某热门事件，您发表了不同的看法，然后这个看法被大多数人认可、转载，那么焦点营销就实现了。

（8）图片营销：图片可以针对人群。比如您是做女性健康的，那么肯定是针对健康，从保养、饮食、瘦身、美容等等方向设计图片，要是配合名人效应就更为巧妙。

（9）视频营销：不管您是做什么类的营销，视频绝对是一个亮点。只要素材被大众接受，那么就是一个很好的营销手段。

（10）微博笑话：其实笑话，就是为了消遣，甚至是讽刺。尤其是冷笑话，网络流传很是广泛。

（11）账号认证：针对企业微博账号、企业领袖的账号、高管的账号、行业内有影响力人物的账号，要先获得新浪认证。获得认证的好处是，形成较权威的良好形象，微博信息可被外部搜索引擎收录，更易于传播。不过也有一点不好的地方，就是信息的审核可能会更严格。同时合理设置标签，新浪微博会推荐有共同标签或共同兴趣的人加关注。

（12）积极互动：多参与转发和评论，主动搜索行业相关话题，主动去与用户互动。定期举办有奖活动，提供免费奖品鼓励，能够带来快速的粉丝增长，并增加其忠诚度。

（13）获取高质量的粉丝：不在于你认识什么人，而在于什么人认识你，不在于什么人影响了你，而在于你影响了什么人。关注行业名人或知名机构，善用找朋友功能，提高粉丝的转发率和评论率。发布的内容主题要专一，内容要附带关键字，以利于高质量用户搜索到你。

总之，基于企业网站的推广来说，企业微博信息的形式比较灵活，但要求信息实效性较强，而且信息推广渠道相对比较受局限，以微博网站平台内用户群体为主要潜在用户（由于微博网站结构的特殊性，与传统博客的搜索引擎有较大差异，通过搜索引擎带来的用户相对较少且不容易保持持久），因此更应注意正确处理与每位用户的关系，避免负面口碑传播造成不良影响。

【微博营销案例】 创意微博网

创意微博是一个专业的以微博营销为基础的微博传播平台，致力于帮助需要推广的企业、单位、网站以及个人将自身的任何需要通过一种“病毒式营销”

的方式进行推广，以最快的速度将信息传递给每一个人。

1. 网站简介

创意微博是目前国内最专业的的以个人为媒介的微博营销平台，支持国内四大门户网站：新浪微博、腾讯微博、网易微博、搜狐微博。微博博主可以通过转发微博赚钱，让悬赏者以最少的钱获得最好的宣传效果。创意微博拥有安全的交易平台以及优秀的创作团队，创办不久已成为国内领先的微博传播平台。最近，创意微博又强势推出“微博商城”这一平台。同时，网站支持官方微博和个人网站的维护与托管，以最专业的服务风靡于网络。

2. 创意微博角色定义

微博任务发布者是有推广和宣传需求的公司、单位、网站以及个人。传播者是拥有微博并具有一定优秀粉丝量的人员，以在创意微博上为任务发布者完成微博传播为目的。悬赏任务即任务发布者根据自己的要求在创意微博上发布悬赏任务并提供一定的赏金，传播者完成微博转发后，经过认证即可领取赏金，赏金根据粉丝数量的不同而异。

3. 创意衍生

以戴尔为例，戴尔是通过自己的官方网站进行直销的，这样它就带来一个问题，就是它经常会有新产品出来，也经常有促销活动，仓库里的产品也在经常变动，这些信息仅仅在自己的网站上公布有局限性，影响的人群不够多。戴尔的方法是在 Twitter 上注册许多账号，每个账号发一个专门的内容，产品信息的账号专门发产品信息，指定给专门的受众看，这样就不会骚扰其他人了。这是戴尔的一个特点。戴尔在 2007 年 3 月注册 Twitter 后，现在已经有了 150 万粉丝。微博的推广，就是对 Twitter 的成功复制，新浪、腾讯等四大门户网站相继推出了自己的微博，各大企业也在短时间内迅速入住，建立自己的微博账号。这些企业经常在自己的微博上公布产品信息。但是，入住微博的企业成千上万，企业如何才能脱颖而出成为一个难题。创意微博的出现解决了这一问题。如今社会的主要消费者都是一些知识分子和白领人士，他们大多有自己的电脑并熟悉网络，他们或许没有时间看电视，大多数时间都在网络上进行交流并获取信息。若是企业在创意微博上发布任务并提供赏金，便会有会员参与转发，让企业的信息可以在网络上广泛传播，从而获取商业利益。

4. 创意微博发展趋势

创意微博开启了企业营销新时代。如今，任何产品都必须通过宣传的方式让消费者了解才能获得利益，而通过电视广告来宣传已经远不能满足市场需求，微博的流行给微博营销创造了良好的先天条件。同时，创意微博推出了“微博商城”这一平台，携手数百家淘宝商家打造微博营销新策略，取得了广阔的发展前景。

5. 创意微博优势

目前国内微博传播平台不多，创意微博是其中的佼佼者。创意微博在刚刚上线的一段时间内即创下了一个奇迹，不到一个月超过 2 000 个的注册会员和破万的交易金额就是最好的证明。现在注册量正在以每日过百的速度迅速攀升。只要动动手指，注册成为会员，那么可以开始淘金啦！创意微博有着国内数百家长期合作的大公司，只要雇主有需求，都可以在该平台进行有偿交易。雇主发布任务并提供赏金，便会有会员在自己的微博上转发消息，经过雇主认定后，付钱给对方，就完成了交易。

6. 任务质量

(1)根据等级判断金额，粉丝数量越多获得的赏金越多。(2) 点击报名交稿，根据提示进行转发，同时对任务进行评价，操作简单易懂，点点鼠标即可实现。(3) 经过发布方认证后领取赏金，累计达到 50 元可提现。

7. 悬赏任务发布规则

创意微博本着公开、公正、公平、诚实、守信的原则，致力于打造专业的微博营销服务平台。请在发布任务前仔细阅读任务发布规则：(1)买家自由定价，自由确定悬赏时间，自由发布任务要求，自主确定合格卖家方案。(2)买家 100%预付任务赏金，让卖家坚信您的诚意和诚信。(3)任务赏金分配原则：任务发布后，任务发布者按照接任务的时间先后顺序进行任务审核，合格卖家按任务质量获得赏金的分配额。(4)发布任务者根据需要可以加价延期任务。(5)悬赏任务总金额不得低于 50 元。任务未完成需要延期，延期任务只有 3 次加价机会，第 1 次加价不得低于任务总金额的 10%，第 2 次加价不得低于任务总金额的 20%，第 3 次不得低于任务总金额的 50%。每次延期不能超过 10 天，加价金额不低于 50 元。(6)任务进行中，买家应及时审核，审核速度直接影响下次发布任务支付服务费用的多少。如果超过审核时间，将视为买家委托创意微博网站选稿，系统选稿后，不符合要求的稿件，将自动延期或者平均分配给提交任务者。(7)买家与卖家，应严格按照每个任务的“任务要求”所描述的内容执行。如果买家提出超出“任务要求”范围的要求，卖家有权拒绝，买家也不得以此为理由拒绝选出合格方案或退款。(8)如果您的任务在征集时间结束后，没有任何交稿，网站将免费延期一次。(9)卖家如果用僵尸粉丝(死粉)号做任务，经过调查核实，创意微博网取消其资格。严重者,将直接封其账号。(10)发布任务即视为同意协议。

三、企业微博营销的价值体现

与企业网站的功能类似，企业微博也是企业网络营销的一个重要工具,但微博不可能取得像广告那样立竿见影的效果,需要一个长期的资源积累和转化的过程,因此企业微博营销的首要功能不是带来多少销售,而是评价其对企业网络营销有哪些潜在的价值。

企业微博营销的价值,主要体现在以下几个方面:

(1)微博信息的数量:信息发布的主动权掌握在企业自己手里,具有较高的微博数量在一定程度上表明了该企业的活跃程度，也是企业微博营销的基础,一般来说,微博数量与微博营销效果具有正相关关系。

(2)用户资源价值:微博的用户群体的资源价值体现在好友(新浪微博称之为“粉丝”)数量和活跃程度,同时也体现在好友的好友数量及活跃程度,通过好友的数量及活跃度可大致判断其用户群体的潜在网络营销价值。

(3)企业信息传播:包括直接浏览量、转发量等,直接浏览量取决于好友数量(也有部分浏览量来自搜索引擎检索等渠道),而转发数量则取决于好友群体的数量及活跃程度。

(4)用户互动效果:用户评论数量、回复数量、用户直接参与其他活动数量等,是反映企业微博效果的外在体现,也是评估企业微博影响力的重要指标。

(5)网站推广效果:微博与企业官方网站不是替代关系,两者可互为补充,部分用户通过微博的链接进入企业网站获取进一步的信息,实现了企业网站推广的效果。微博的网站推广价值还有待于进一步挖掘和评价。

微博将是有效的网络营销工具，微博的运营商可以与企业共同进行策划,以企业微博、代言人微博、用户微博为载体,针对新产品、新品牌等进行主动的网络营销。

微博是一种按照读者喜好定制的活媒体,将是企业和媒体人十分热衷使用的客户满意度测试工具。微博中热议的话题,往往能够成为各大媒体争相讨论的热点话题。

微博也是重要事件的最好的新闻发布现场。微博给网民尤其是手机网民提供了一个信息快速发布、传递的渠道。建立一个微博平台上的事件营销环境,能够快速吸引关注,这对于企业的公共关系维护、话题营销开展,能起到如虎添翼的作用。

四、企业微博营销中所遇的难题

1. 如何使粉丝或者听众快速增加

一般微博刚刚开通后,你的粉丝量是很少的,除非你是知名人士,可是微博没有粉丝或者听众,那么你在微博上宣传推广又有什么用呢? 没人看你也只是关起门来在家欣赏,根本就没有什么推广效果。所以前期增加粉丝的数量是一个非常大的难点,对此我们可以用下面方法来突破。

一是微博的个人资料一定要完整,要有开诚布公的心态来做微博,只有对别人真诚,别人才会愿意看你的微博。二是在微博的内容上要知道怎么写出吸引人的东西,对于企业微博来说,前期不能够发宣传语。三是发布一些热点新闻评论或者一些小笑话等等,由此来吸引人的关注。四是主动和目标听众的微博沟通,要主动出击。五是参与一些热门话题的讨论,在一些圈子里面首先要混个脸熟!

2. 目标群体如何快速增加

粉丝增加了,并不代表微博的推广就可以开始了,如果此时开始的话,可能会让很多粉丝离开你,到时候反而会引起不好的效果,此时要想办法在众多的粉丝里面准确找到目标用户群,而且还要不断增加这些目标群的数量,这才是微博营销的关键所在,当然这也是一个难点,那么这个难点如何化解呢?一般目标群体都有这样或者那样的限制,我们应该循序渐进地引导粉丝成为自己的目标群体,如果一下子推出各种限制,就像是在突变,而突变式的限制一般来说都会死得很惨!

企业利用微博进行营销能做很多事情。比如你的企业参与了一项公益事业,那么可以拿出来说说,扩大品牌的影响力;将售后服务搬上微博,与客户做沟通;如果你是上市公司,那么不妨将股票变化实时地提醒给粉丝股民;在微博上进行危机公关,发布声明;现场播报企业举办的公开活动;甚至还可以像戴尔那样在微博上促销产品。

这些做法很多企业都能想到,案例中的戴尔也在这样做,并且做得相当不错。我们仔细研究,会发现微博使企业里面的很多人,能够直接接触到市场的第一线,信息不用再像以前那样一级一级地、有损耗地传到决策者耳中。

微博的好处是可以很简便、很及时地对目标消费者进行认知管理和预期管理,而不是等到出现问题时再想对策处理。如对新产品或畅销产品进行功能与性能的简单描述,或邀请消费者进行类似第三方的评价,这样有助于消费者对产品产生正确、理性的认知,提高满意度。

每一个微博都是一个社交小群落,大家一般是通过兴趣爱好聚集到这个圈子里来。因此如果你的企业特别知名,或者发布信息的人——老板自己本身特别有名气,那么恭喜你,你有着微博营销的天然优势。当然大部分企业没有这样的条件,那么要做的就是策划一些非常吸引眼球的话题,巧妙地植入你的商业信息。

这种方法具有一定的炒作性。微博是一个工具,工具本身没有积极或者消极之分,完全看人是怎么利用它的。比如植入广告其实是一个非常好的营销手段,但如果做得太愚笨、太露骨,就像某些晚会那样明显而泛滥的话,会弄巧成拙,会引起极大的反感。因此,做微博营销策划的人一定要有非常敏锐的意识与含而不露、非常巧妙的手法,知道哪些该做、哪些不该做。

有人说,微博会走和博客类似的道路:博客曾经也是红极一时,但在应用博客进行营销时却鲜有成功案例,因此微博营销的未来也不过如此。我不认同这个观点,微博和博客还是有区别的:博客需要人经常去阅读,很多浏览都是在搜索时无意间点进去的,而微博却能主动地"推"到你面前。微博也迎合了如今快节奏的生活方式。我们有过调查, 很多产品的消费主力还是 20 世纪 50、60、70 年代生的人,而随着熟用微博的 80、90 后消费群体逐渐进入消费高潮期,微博真的值得我们的企业好好利用起来。

3. 微博营销的定位和内容建设

(1)官方微博(微媒体)。企业的微博必须是官方的,传播的内容也必须是官方的,内容较为正式,可以在第一时间发布企业最新动态,对外展示企业品牌形象,成为一个低成本的媒体。

(2)企业领袖微博(微传播)。领袖微博是以企业高管的个人名义注册,具有个性化的微博,其最终目标是成为所在行业的"意见领袖",能够影响目标用户的观念,在整个行业中的发言具有一定号召力。

(3)客服微博(微服务)。与企业的客户进行实时沟通和互动,进而进行深度的交流,让客户在互动中提供产品服务的品质信息,缩短了企业对客户需求的响应时间。

(4)产品微博(微公关)。对于危机能实时监测和预警,出现负面信息后能快速处理,及时发现消费者对企业及产品的不满并在短时间内快速应对。如遇到企业危机事件,可通过微博对负面口碑进行及时的正面引导。

(5)市场微博(微营销)。通过微博组织市场活动,打破地域人数的限制,实现互动营销。

将广告信息嵌入自己的微博就是微博的营销。微博营销是刚刚推出的一个网络营销方式,因为随着微博的火热,即催生了有关的营销方式,就是微博营销。每一个人都可以在新浪、网易等等注册一个微博,然后利用它更新自己的微型博客。每天更新的内容可以跟大家交流,或者有大家所感兴趣的话题,这样就达到了营销的目的,这样的方式就是新兴推出的微博营销。虽然目前,大多数的微博网站的关注重点还在于"跑马圈地",而没有过多考虑盈利模式,但不可否认的是,这一快速、即时且拥有大量跟随者的网络服务,将为不少企业带来潜在的营销价值——微博客上真实的声音, 可以帮助企业迅速接触到消费者心理、了解消费者对产品的感受、获取市场动态。现在,我们很明显地看到,一些商业嗅觉敏锐的公司、机构,如凡客诚品、星美影城、中国作家协会等等都已经在第一时间注册了微博。

"客户体验可信度高,传播速度快,传播门槛低,费用几乎可以忽略不计……"这些都是微博营销的有利因素。但同时,由于微博的信息碎片化程度较高,再加上140字的限制,对于营销传播的技巧要求也更高。口碑互动公司总裁杨飞认为:"微博一般关注和被关注的人都很多,界面往往比较混乱,想获得连续性关注往往较难。除非能够形成集团效应,否则仅凭单独的推广很难给人留下印象。"

杨飞认为,事件营销、人物打造是现阶段最为成熟的微博营销方式。"事件营销主要是通过具有公众吸引力的事件聚焦关注,比较典型的是前段时间在微博平台上寻找走失儿童的例子。而人物打造是指先树立起一个具有关注力的名人,再通过其进行营销植入,比如,注册新浪微博的姚晨同时也是联通3G代言人,通过这一层身份充分与网民进行沟通,较强的互动性带来了传统广告所不具备的营销潜力和说服力。"

当然,对于快速发展的微博来说,一切才刚刚开始。微博什么时候能赚钱?也许我们可以用Twitter的CEO Evan Williams的话来回答:"现在我们只有45名员工,目前的首要任务是获得更多的用户,我们的投资者比我们更有耐心。我们不急于赚钱,那只是早晚的事情。"

第二章 微博广告的产业化

第一节 微博——网络广告人社区

一、网络新生的“宠儿”——微博

不知从何时开始，一个名叫微博的新生媒介产品悄然成为中国网民的“宠儿”，从“微博女王”姚晨到“草根微博王”作业本，无数人对她爱不释手，欲罢不能。2012 年，你可以不上 QQ，不上 MSN，但你不可以不发微博，每天几条微博已成为现代人的一种生活方式。

微博现象是当下中国的媒介奇观，编织“围脖”已成为当下人们媒介生活的一种时尚。“围脖”这一温馨的称谓，反映了中国微博用户对这一新兴媒介产品的钟爱。据《2010 中国微博年度报告》显示，截至 2010 年 10 月，中国微博服务的访问用户规模已达 12 521.7 万人。已经过去的 2010 年被媒体称之为微博年。微博这一新的媒介形态经过商业网站的成功推广以及微博用户的接力追捧，被迅速制造成一个巨大的媒介神话。一种传播媒介要普及 5 000 万人，广播用了 38 年，电视用了 13 年，互联网只用了 4 年。微博的发展速度更是惊人，仅用了 14 个月，新浪微博用户数量已超过 7 000 万。可以这么说吧，微博不仅成为中国公共生活的里程碑式的事件，也成为千万人私人生活的标志性事件。

二、微博广告的优越性及案例

1. 微博广告的优越性

综上所述，微博确实有其他传播媒介不可比拟的优越性，如此便利的宣传渠道，自然会受到广告人的追捧，积极在微博上投入，作为互联网行业最原始的一种盈利模式，网络广告一直都是网络媒体的主要收入来源之一。微博客作为一种新型的网络社交站，广告收入也是其主要的盈利模式之一。所以，在微博上发布广告相较于其他的宣传方式还是具有很大的优越性的，总结有如下四点：

（1）微博广告可以更好地维持和顾客之间的关系。企业管理者可以借助微博平台发表观点，读者可以发表评论，管理者可以回复读者的评论，因为微博的实时实地性，使管理者与读者的沟通更及时、更便捷。当公司管理者对公司的管理有新的见解时，他可以发微博告知顾客，顾客可以及时了解并及时回复，还可以发表自己的观点。当然，管理者对于这些观点采不采纳又是另外一回事了，但至少说明管理层和顾客不是脱节的，这样可以更好地维持与顾客的关系。网络广告人不仅借“微博”提升了个人名气，同时也提升了公司的知名度，这样一箭双雕的事情，管理者何乐而不为呢？

（2）微博广告可以大大降低推广的费用。百度、谷歌、雅虎等搜索引擎有强大的博客内容检索功能，可以利用微博来增加被搜索引擎收录的网页质量，提高网页搜索引擎的可见性。利用这一优势，只要在微博网站上开设账号，即可发布文章，而且目前发布微博文章都是免费的。当一个企业网站知名度不高并且访问量较低时，往往很难找到有价值的网站给自己链接，此时则可以利用”微博”为本公司的网站做链接。企业管理者还可以在微博内容中适当加入企业营销信息以达到网站推广的目的，这样的微博推广成本低，且在不增加网站费用的前提下，提升了网站的访问量。

图 1–1　必胜客广告

如图 1–1 所示，只要我们每天登录微博，必胜客的广告便会映入我们的眼帘，久而久之在我们的脑海中形成一个印象，提到比萨便会想起它，这样就达到了宣传做广告的效果，简单又方便。

(3)微博广告可以有效地解决公关危机。当企业出现危机事件时，通过媒体消除负面影响是一个有效的方式。媒体渠道不仅包括报纸、杂志、电视等传统媒体，也包括互联网时代的新媒体，如博客、微博。在微博里企业家通过与网友的面对面交流，以诚恳的态度相对，能更好地达到危机公关的目的。2009 年 11 月初，由于物业纠纷，北京建外 SOHO 被传将“停电停暖”。作为 SOHO 中国的掌门人，潘石屹在 11 月 10 日发出了名为《建外 SOHO 雪天断电停暖，居民急切等待政府救援》的求救信，在信中潘石屹提出了一个过渡方法——由潘石屹所属的北京丹石投资管理公司代理收缴物业费。正是这封信将潘石屹推到了风口浪尖，有关媒体则报道称建外 SOHO 很正常，停电停暖是潘石屹一手策划的谣言，更有人推断潘石屹此举是为了让自己的物业公司来接管建外 SOHO。在面临严重的公关危机时，潘石屹通过微博进行澄清。他措辞诚恳，在情感上赢得了网友支持。这场风波让潘石屹的微博粉丝激增近 30 万，网友对潘石屹的好感转化成 SOHO 中国的口碑，向更多的人传播。

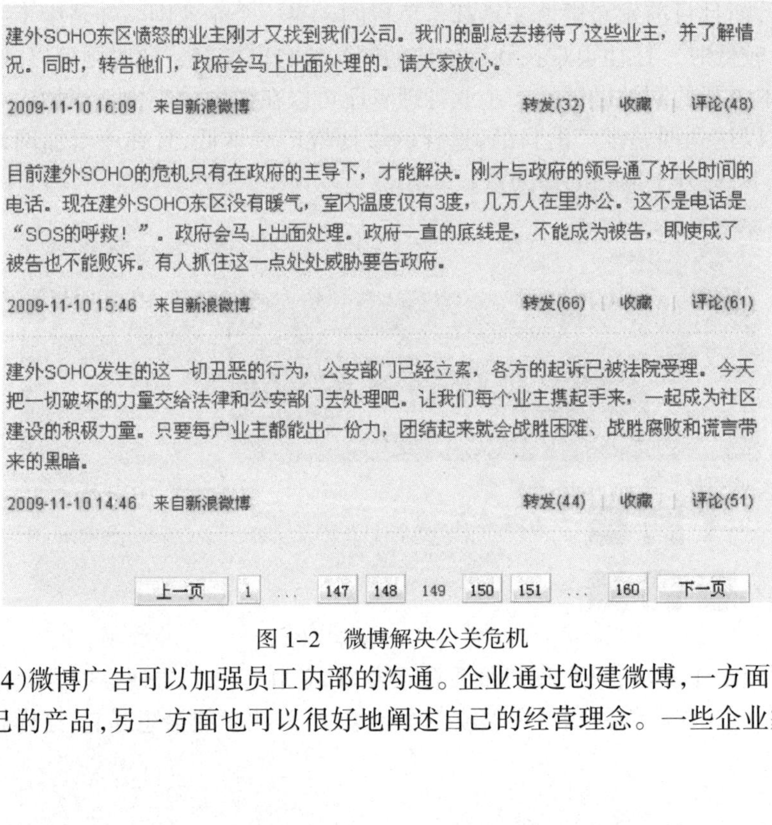

图 1-2　微博解决公关危机

(4)微博广告可以加强员工内部的沟通。企业通过创建微博，一方面可以宣传自己的产品，另一方面也可以很好地阐述自己的经营理念。一些企业家在自己开设微博的同时,也要求企业的员工普遍开设微博,如恒信公司总裁李厚霖就是这样。员工是企业微博的首要关注群体,最早的反馈信息往往来自企业内部。员工访问企业微博,可以获知领导者的所思所想,领会其理念和价值观,掌握企业的工作中心和重点所在。同时,也会提出自己的见解,其中往往不乏有价值的建议和意见,这对于企业改进产品、了解员工的所思所想、发现人才都是非常有益的。

2. 微博广告的案例及其分析

【案例】

根据戴尔公司发布的财务数据表明,截止到 2009 年 6 月份,推特服务为戴尔带来了超过 300 万美元的收入,消费者通过推特进入戴尔网站进行购买。而在我国, 新浪网和中国人民大学娱乐研究所做的一个关于微博的联合调查中,有这样一项调查:你对于微博的感受是什么? 如果把它形容为一个场所或者形容为一个人,你认为它是什么样的? 有人认为新浪的微博是一个图书馆,有人认为微博是朋友,关系可能并不是那么亲切,但是它又给我很多帮助和建议,能从它那里有收获。最后有人认为是一个发布会,很多企业的很多信息,可以像发布会一样,第一时间告诉我们。其实用户对微博的期待,就是企业推广品牌的机会。新浪微博在名人堂中设有名牌馆,包括众多领域的多家公司企业,这已为未来投放品牌广告打下了一个很好的基础。在我国,大部分使用微博的用户,都是白领或学生,正是拥有购买力和潜在购买力的人群。当用户积累到更大规模时,网站提供最新娱乐名人信息,通过名人效应来达到宣传做广告的目的。

图 1–3　戴尔官方微博宣传新品

相信在不久的将来，微博的发展趋势会越来越好，更多的网络广告人也愿意利用这一简便省钱的方式来为他们的产品做广告。微博，网络广告人的天堂!

第二节　微传播——中国营销新手段

一、微传播

微传播是首家以个人为媒介的微博营销平台。随着微博的火热，催生了有关的营销方式，就是微博营销。微传播致力于帮助需要推广的企事业单位或个人将自己的业务及项目通过微博裂变式传播推广，以最快的速度传播给每一个人。

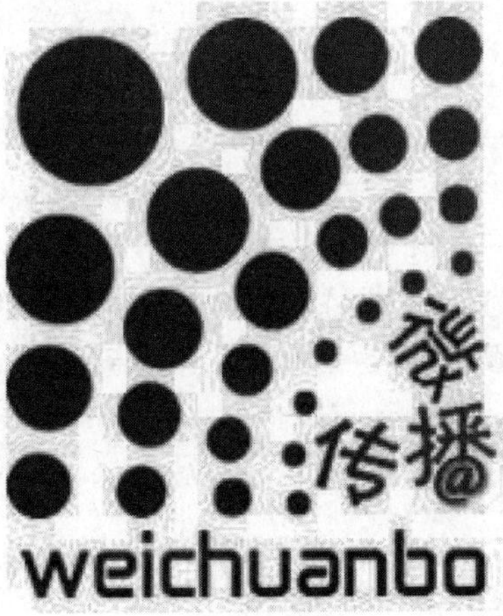

图 2–1　微博传播示意图

营销是一种超越传统营销理念的新型营销方式，通过媒体传播与人际传播灵活结合，立体影响，海量传播，大规模增加覆盖范围。不仅让广告主在社区中找到相匹配的受众，而且能通过社区这个平台对网民进行更多的引导，深层次影响受众的消费判断。

“微博”不微。人们在微博这个网络平台上，没有学识高下之分，没有距离远近之别，参与进来的人通过互动、情感宣泄、思想记录，已将微博演变成一个生活圈媒体。与此同时，值得关注的是微博也成了众多企业营销的新手段。

微传播为广大任务发布者汇聚了微博博主，总结了微博传播推广的所有方案，他们凭借自己优质的粉丝，诚实守信搞微传播，来满足企业、单位或个人的推广传播要求。作为真实可靠的实名制服务平台，老师与传播员之间可以在这里通过任务的形式进行交易，可以自主审核传播员完成的传播任务。任务项目可以通过“微传播”的第三方存管功能得到100%保障。

对于传播员，微传播门槛低，只要你有微博，粉丝数（听众）真实，都能在微传播的平台上充分体现传播价值，拓展你的工作方式和报酬获得渠道，是让您充分发挥自己的影响力、发挥微传播传播价值的地方！

安全与诚信极其注重网络安全和诚信机制，本站所有参与任务的用户均通过身份证或银行卡或企业营业执照的实名认证，确保任务发布者和传播员的权益。对传播员们来说，通过实名认证只是一个开端，还要完善您的个人资料、服务空间。在线QQ和联系电话是老师联系到您的最主要的方式。信誉至上、诚信为本、服务用户、保障权益是我们的运营宗旨，真正为您营造一个诚信、公平、公正、公开的信息传播服务平台，开创网络营销新模式。

微传播营销价值如下：快速积聚和获取潜在用户，扩大影响；与用户关系更加紧密，随时与用户开展互动；发布新品、传播企业动态信息；开展互动促销活动，“粉丝”召集方便快捷；做好客户服务（与顾客及时沟通，解决投诉问题；收集实时市场情报和反馈信息，收集企业舆情监督、危机公关情况）。

微传播的实现，可通过以下途径。(1)推广流程投放：精准锁定企业目标消费者，可按照不同行业、地域进行投放，企业最新信息通过百度灯塔展现在公共贴吧；(2)关注：消费者点击百度灯塔关注企业，成为企业“粉丝”，构建以消费者关系为核心的企业营销平台；(3)互动：企业可与消费者实时互动，企业信息可通过消费者之间的传递实现“一传十，十传百”的增值效果；(4)品牌全知道：搭建在知道平台上的品牌问答专区，以机器自动抓取的知道品牌相关问题为主体，并配置品牌的相关视频、公告、链接及知道专家。可根据客户的需求配置品牌支持模块、个性化的顶部异形通栏、分类达人答题榜等互动元素，将品牌教育与用户的互动完美结合。

二、“绿社会”微博开创微博营销新时代

如果问2010年最火的关键词是什么，无疑是“世博”和“微博”。一个是宏伟的国际集会，一个是纤巧的网络载体，却同样汇聚了全世界的灵感和思想，成为人们激情迸发的有机载体。

伊利抓住微博方兴未艾的契机,精心筹划,推出首个由企业打造的“绿社会”公益微博平台,传递并分享世博绿色精神。上海世博园里的垃圾气力输送系统,北京高校里的伊利“都市森林人”,伊利黄金奶源基地呼伦贝尔那迷人的大草原,等等,各种绿在这里定格。

同时,为了更好地宣传绿色、传递绿色,基于“绿社会”公益微博平台,伊利还全面发起了“带你看世博、发现世博之绿”公益活动。这一活动契合了世博志愿者、白领、广大消费者“让生活更美好”的心理需求,微博一上线便受到了数万网友的追捧。借助微博实施绿色公益营销战略,伊利开创了微博公益营销之先河。

随着上海世博会成为大大小小企业各显神通的传播舞台,企业的营销手法随之花样翻新。为了将新媒体的传播效能更大化,同时为了将线上的绿色环保活动落实到线下,伊利打出了新媒体加传统媒体报道的组合拳,将新媒体与传统媒体完美地结合到一起。

8 月 18 日,上海世博园城市主题馆迎来了最清凉、最温情的一天,“‘冰工厂’带你看世博——发现世博之绿”公益活动暨伊利“关爱志愿者大行动”在上海世博园拉开了帷幕。伊利不仅送来了冰爽与清凉,还将“绿社会”带到了志愿者中间,宣传“绿社会”的作用。这一借助网络微博发起的公益活动,很快为传统媒体所知晓,上海等地的媒体对这一活动进行了报道。

同时,借助 9 月 22 日无车日,伊利更是将多种媒体方式整合出击的营销方式推到了高潮。活动期间,北京、上海、西安等地的多家媒体与伊利合作,在“绿社会”公益微博上向广大市民发出邀请,共同发起“绿色出行接力活动”,倡导市民积极参与绿色出行活动—骑自行车出行。从线上发起到线下活动,伊利切切实实地让大众走进“绿社会”,体验绿色美好生活。

微博传播贵在快速、便捷,而传统媒体的报道则让“绿社会”活动有了更系统、更全面的展现。伊利创新性地运用微博、传统媒体发起“绿社会”活动,是中国企业利用微博与传统媒体进行整合营销传播的第一案。

“新媒体有三大优点——精准性强、性价比高、互动性好,伊利创新性地运用新媒体,不仅收到了良好的传播效果,也将微博营销上升到一个新的境界。”营销专家评价说。

事实上,运用“绿社会”微博进行营销,只是伊利绿色公益战略的一个组成部分。作为上海世博会合作企业,在绿色理念日渐深入人心的大背景下,伊利数十年来始终坚持以传播绿色理念为己任,在行业内首倡“绿色产业链”,率先举起了绿色可持续发展的大旗，掀起了中国乳业的绿色风潮。

据悉，“绿色产业链”是中国乳业历史上第一次用企业的经营思路引领推动行业共治的发展战略，其核心内容是由领导企业向整个行业全面延伸绿色理念，确立绿色标准，生产绿色产品，最终推动产业链上的所有环节共同实现绿色发展。由此而见，微博营销作为伊利传递绿色公益战略的一个平台，借助上海世博会传播绿色理念，是其实施“绿色产业链”战略的必然之举。

不管世界在未来怎样变化，企业的营销都必须不断创新。伊利的经验至少说明了一点：信息时代对企业营销提出了更高的要求，也给企业营销带来了更多的机遇和工具。在互联网对社会和企业强有力的作用下，微博有着成就小公司、影响大公司的传播力量。微博是一个有着巨大的裂变力量、可自由发布海量信息的平台，为大众提供了一个快捷获取信息的工具，同时制造了群体反应，微博营销充分展示了强大的威力——微传播，大营销。

第三节　微博——第六大媒体

一、微博带来的媒体革命

迄今为止，中国的网民已经达到4.2亿。在中国互联网发展过程中，中国社会化媒体的发展成为了活跃的互联网的新图景。到2010年为止，中国即时通讯工具用户达到3.04亿，中国网络游戏用户2.96亿，网络视频用户2.65亿，社交网站用户2.1亿，BBS论坛用户1.2亿，中国博客用户2.31亿，而微博在短短1年多时间中也获得了上千万的用户。同其他媒体相比，微博则更侧重于关注自我、让发布者随时随地反映自己的心情和状态：我在想什么、做什么、我知道什么，这就让微博成为最为即时的信息传播平台。它创造了一种以自我为中心的快速传播方式。

由于微博的短小（140字）、发送信息的方便（用手机短信就可以发送），它彻底改变了媒体的信息传播的方式，任何一个人，都可以利用微博来实时传播身边的第一手信息，这直接颠覆了过去由主流媒体一统天下的格局。三言两语、现场记录、发发感慨、晒晒心情，Twitter网站打通了移动通信网与互联网的界限。与传统博客中的长篇大论相比，微博的字数限制恰恰使用户容易成为一个多产的微博发布者，著名流量统计网站 Alexa 的数据显示，Twitter 日均访问量已近 2 000 万人次，在美国、英国、加拿大等地的网站排名中均列前 15 位。

2010 年 9 月 10 日下午，新浪发布《中国微博元年市场白皮书》，这是国内首份针对微博市场的白皮书。数据显示，经过一年时间的发展，新浪微博在知名度、使用率、首选率、满意度、用户黏性、权威性、吸引力、月度覆盖人数、月度总访问次数、月度总浏览时间十项指标上全部位列第一。

白皮书同时披露，2010 年年底，中国互联网微博累计活跃注册账户数已突破 6500 万个，2011 年年中已突破 1 亿，2013 年国内微博市场将进入成熟期。

按照 DCCI 的调查，微博用户以及微博潜在用户(打算使用微博用户)使用首选微博网站中，新浪微博以 69.7%领先于其他主流微博网站，是微博用户及潜在用户首选率最高的微博网站。在知名度上，59.79%的微博关注者(包括关注或听说过微博的互联网用户和使用过微博的用户)听说过新浪微博，是国内市场知名度最高的主流微博产品。

目前，有 60.9%的微博用户使用过新浪微博，是用户使用率最高的主流微博产品，接近腾讯微博的 2 倍。在新浪微博当前的用户中，超过一半(50.5%)的用户每天都在使用新浪微博，用户黏性最高。在满意度方面，新浪微博明显强于其他产品。

来自艾瑞 IUT 的数据显示，2010 年 3 月—2010 年 6 月，国内微博市场月覆盖人数从 5 452.1 万增长到 10 307 万。在此期间，新浪微博月覆盖人数从 2 510.9 万增长到 4 435.8 万，同比增长 76.7%，最多时占据 46.12%的份额，是同期腾讯微博的 3.4 倍。

2010 年 3 月—2010 年 6 月，国内微博市场月度总访问次数从 15 364 万次增长到 41 740 万次。在此期间，新浪微博月度总访问次数从 7 164 万次增长到 21 195 万次，同比增长近两倍，最多时占据 50.78%的份额，是同期腾讯微博的近 5 倍。

与此同时，国内微博市场月度有效浏览时间从 761.07 万小时增长到 3 035.69 万小时，新浪微博月度有效浏览时间则从 492.45 万增长到 2 080.08 万，同比增长 322.4%，最多时占据 68.52%的份额。

截至 2010 年 7 月，有超过 2 万的名人获得了新浪微博的认证，远超其他微博产品。新浪微博人气关注榜前十名多以娱乐明星为主，其中姚晨和小 S 的粉丝数已经突破 200 万。

此前，市场分析机构瑞士信贷在最新报告中指出，新浪微博人气关注榜前

100 位用户当前的总粉丝总数为 Twitter 的 30%。考虑到新浪微博的强劲增长速度，估计到 2011 年 3 月，新浪微博的这一数字将超越 Twitter。

作为国内最早由门户网站推出的微博，新浪微博已成为国内微博的代名词。《中国微博元年市场白皮书》数据显示，随着用户数的不断增长，新浪微博上每天都会产生海量信息。2010 年 7 月，新浪微博产生的总微博数超过 9 000 万，每天产生的微博数超过 300 万，平均每秒会有近 40 条微博产生。每逢社会重大事件，新浪微博的发送量都会在短期内迅速增加，而且会持续一段时间。以南非世界杯为例，在 7 月 12 日世界杯决赛上演的当天，新浪微博上的原创微博数高达 1 904 369 条。此后，许多名人针对世界杯的评论被广泛转发，7 月 28 日，新浪微博上的转帖微博数达到 199 964 条，总共产生的微博数随之增长到 3 619 603 条。在单场比赛 2 小时期间，新浪微博上的微博数一度突破了 300 万，峰值超过了 3 000 条 / 秒。

此外，在社会重大事件中，新浪微博上单条内容的转发和评论数也会出现明显提升，充分展现了所具备的强大互动性。8 月 19 日 22 点 47 分，新媒体营销人士梁树新在新浪微博上简单介绍了李萌萌高考招生事件，号召网友进行转发。此后，该微博原文被转发 93 396 次，收到 22 948 条评论，李萌萌最终被高校录取。

中国互联网实际不重复的微博独立用户数，2012 年年底、2013 年年底预计将分别达到 1.68 亿、2.53 亿人左右。该机构指出，中国互联网微博累计活跃注册账户数和实际不重复的微博独立用户数，可能要明显高于预计。不过，政策因素可能是微博市场成长的最大未知变量。

未来三年，各家微博服务商的微博账户数的年增长率将在 140% ~ 200%，实际不重复的独立用户数的增长低于账户数的年增长率。微博用户的爆发增长出现在 2012 年、2013 年。在此基础上，国内微博市场预计在 2013 年前后步入市场成熟期。在企业用户方面，目前有 2 500 家企业获得新浪认证，覆盖了汽车、餐饮休闲、影视娱乐、购物商城等 30 多个行业，包括伊利、中粮、招商银行等在内的大型企业，都在尝试最新的营销方式——微博营销，都取得了不错的效果。未来，随着新浪微博用户规模的增多以及功能的不断完善，通过新浪微博进行营销将成为企业营销的一种常态。

微博可以算是新兴起的一类开放互联网社交服务。国际上最知名的微博网站是 Twitter，目前已是炙手可热的互联网新贵，美国总统奥巴马、美国白宫、FBI、Google、HTC、DELL、福布斯、通用汽车等都在 Twitter 上进行营销和与用户交互。而在国内,目前著名的微博有:新浪微博、搜狐微博、网易微博、嘀咕、叽歪、滴、做啥、139说客、9911等。2009年,中国网民规模达到了3.84亿人,普及率达到28.9%。而四川网民达到了1 635万,增速居全国第五。据艾瑞咨询统计,2009年中国互联网经济规模达743亿元, 而2010年互联网经济年营收规模更大。

优酷市值达34亿美元超过搜狐,古永锵身价14亿 。当年古永锵等一行优酷高管在美国纽所敲响IPO的上市钟,优酷发行价12.8美元,发行15 847 700股美国存托凭证,募集资金总额将达2.03亿美元左右,IPO首日开盘价27美元上涨110.9%。

根据2010年官方公布数据显示, 新浪微博每天发博数超过2 500万条,其中有38%来自移动终端。每天发布微博数量超过2 500万条,微博总数累计超过20亿条,是目前国内最有影响力、最受瞩目的微博运营商。

微博的第一个好处就是缩短了人与人之间的距离,把偌大的地球变成了小小的地球村,使我们的沟通更加快捷,更加人性化。相比于报纸、网络、广播、电视、杂志,它最大的优点是,人们可以对某一件事发表自己的观点和看法,不再跟着别人的思想走,微博虽有140字的限制,但微博的言论很自由,不像博客那样长篇大论,说话通俗易懂,直奔主题,没有华丽的辞藻,没有难懂的词汇、难懂的句子,只有三言两语的简单易懂的话,微博拉近了普通人和名人之间的距离。我喜欢关注郎咸平,郎咸平说话一针见血,直奔主题,他认为中国的传统教育限制了人们的思维,中国应该借鉴西方的教育制度,取其精华、去其糟粕,能发人深思,启迪后人。

二、微博成为新媒体的条件已经成熟

2010年是中国互联网的微博年。在这一年,新浪、腾讯、搜狐、网易等门户网站先后大张旗鼓地进军微博服务。进入2011年,百度、阿里巴巴也向新浪抛出了合作的橄榄枝, 新浪或将使用百度搜索引擎替代谷歌, 阿里巴巴旗下PHPWind在去年9月9日宣布和新浪微博互通,这一系列现象在体现微博热的同时,也引发了对微博如何长期生存发展的思考。

"微博问政"已经成为今年"两会"的新亮点。据不完全统计,目前,已经有122位全国人大代表、166位全国政协委员在新浪微博专区开通了微博。很多代表委员将自己准备的"两会"议案、提案和建议发到微博上,和网友互动,并将反馈意见收集用以完善议案、提案,以便更好地反映民意。全国政协委员、爱国者总裁冯军甚至直接提交提案，建议政府及其下属部门开通微博，及时对涉及人民群众切身利益的重大信息进行发布，并接受人民群众的监督。从互联网行业发展的角度看，微博大热是不是预示着这个行业本身的发展前景？是不是有足够健康可持续的商业模式，让这种热闹转化成“钱”途？

目前，全球著名微博客网站 Twitter 的全球用户总量已突破 2 亿，甚至连现任美国总统奥巴马和俄罗斯总统梅德韦杰夫都开通了自己的 Twitter 账户。继新浪在微博上一炮打响之后，腾讯似有后来居上的势头。腾讯 2 月初宣布，其微博注册用户突破 1 亿，而据新浪此前数据显示，截至 2010 年 11 月其微博注册用户数约为 5 000 万。两家公司的微博用户数加起来已接近 Twitter 的了。

1. 中国微博拥有后发优势

国内微博的形式已向 Twitter 靠近，但与 Twitter 实质性内容相比，国内的仍处于早期阶段。市场研究公司易观国际 CEO 于扬分析，在 Twitter 上既有个人用户日常生活的感悟，又有企业注册账号用于推销产品的广告。而国内的微博则以个人用户为主，发布内容多表达自身的喜怒哀乐，受众也远不如国外广泛和著名。虽然 Twitter 已经吸引了 3.6 亿美元投资，每秒发出信息 1 000 条，但仍未找到有效的赢利途径。同样，国内的新浪微博和腾讯微博也没有明确的微博盈利时间表。

不过，新浪 CEO 兼总裁曹国伟认为，新浪微博一开始就采用“转发加评论”模式，而且支持多媒体，Twitter 则是一种单向传播，只支持文字，这两个本质的区别使新浪微博的黏性远远超过 Twitter。在曹国伟看来，Twitter 更像单一信息传播工具，而新浪微博则是一个社会化媒体。在新浪微博上人气最旺的明星姚晨拥有近 700 万关注者，截至 2011 年 1 月底，新浪微博粉丝人数排名前 100 位的用户，粉丝总量为 1.982 亿，相当于 Twitter 的 68%。

2. 等待“杀手级”商业模式

现阶段，国内微博尚未出现令人眼前一亮的商业模式。从微博的目前发展态势来看，各方尚未找到明确的盈利模式，目前仍处于跑马圈地时期。对于到底采取何种商业模式，业界仍无一致看法，但微博迅猛发展的势头，仍令业界人士对其商业前景乐观。从网络媒体的发展实践来看，凡是能够吸引到足够数量用户的媒体都能取得成功。因此，我们有理由相信，虽然微博现在尚未找到清晰的盈利模式，但是当其圈到足够数量的用户和读者的时候，也就是其盈利的时候。

以新浪微博为例，虽然曹国伟坦言，新浪微博未来的盈利模式并不是自己现在最关心的问题，新浪微博未来的大规模盈利是必然的，只不过是时间问题。

而现阶段的任务，就是提高用户体验，为用户提供更好的服务和平台。不过，曹国伟曾表示，微博未来的盈利来自无线和实时搜索，在微博平台上可以做广告和搞分成，要涉足电子商务、游戏等领域，可以通过与微博的嫁接，演变出新的商业模式。

由此可见，新的媒体形式已经出现，在不久的将来我们会发现微搏将比现有的报纸、杂志、电视、广播等更有发展前景。

第四节 微广告的出现

当吃到一种美味的食物，你发表你的心情，推荐大家去试试看这种食物时，其实你在不知不觉中为这个食物做了广告，大家会好奇这到底是一种怎样的食物让你如此赞不绝口呢？如果你再发一张这种食物的图片上去的话，那么广告效果就更明显了。当然这些的前提条件是，你在微博上要有庞大的粉丝群，粉丝的转发将会提升你这条微博的商业价值。所以不少聪明的商家把眼光放向了知名的草根型微博名人，利用他们在微博上的名气，依靠他们粉丝的转发力量，进行商业宣传，从而对人们潜移默化地推广他们的产品。微博广告就是以这样的方式不知不觉地出现在我们生活中，微广告浮出了水面。

一、微广告的含义

微广告是微视频广告的简称，亦称微投，是一种全新的、逆向型的类视频广告宣传概念，旨在探寻挖掘新颖、另类的宣传效应。它不同于传统的视频广告，耗费大量的资源和庞大的制作成本或创意来加深印象。

微广告包含两种重要元素，即印象元素和实用元素。前者是作品作者本身的各种创意和表现力的融入，后者是对目标产品主要和重要功能的即时演示。所有由相关企业、商家自主策划或垂直定制的广告都不属于微广告定义范畴。微广告只能由各目标产品(不包含已退市产品)的自用用户或产品使用者本身根据其标准自行录制制作，并由微投相关平台机制竞标胜出后的作品才能真正称为微广告。其他的广告做很多视频或者是平面方面的宣传，微广告与之不同，是用转发来赢得人们的关注。假如你的饭店促销信息让姚晨发一下，立即就有超过七百万人看到，这样的广告效应很大。不管你是谁，只要你有粉丝数，你的微博就是一份收入，而大量的企业进入微博开通官微，或促销或展示，随着第二代微博的火爆，几家微博运营商都宣布其用户过亿，而微博市场里的商机也开始浮出水面。微广告也不能代替传统广告，适用于微投宣传的目标产品分类有限。只限于以家户为中心的具备较复杂属性的电子电器类产品或含有机械属性类的产品或应用终端。各种属性单一的和其他类型的产品并不适用于微投宣传。

二、微广告的载体

微博，如新浪微博、腾讯微博、搜狐微博等，都能很好地传播信息。作为平台，微博的提供商巩固了他们的用户群体，更为今后运营商的可持续发展提供了一个新的商业模式。还有值得一提的便是微传播，微传播是首家以个人为媒介的微博营销平台。众多微博广告载体中，新浪微博人气最高。

各类商业广告与公益广告，宣传有形或无形的商品。广告发烧友有一些个性创意。各大微博平台自己都在做微博的广告，不过目前主要还是针对大企业的，广告的形式还在探索之中。国内的 Mai 关注网是国内首家这样的广告平台：利用他人的微博帮助商家发布广告信息。

三、微广告的价位

利用转发的方式让更多的人了解到信息。自己微博的粉丝越多，自己身上存在的商机就越大。可以看出，广告主愿意在微博上花的钱越来越多，而各知名微博的所有者也都毫不犹豫地开了价，明码标价做生意。“粉丝”众多的草根博主仅依靠发布“微广告”，每个月收入近万元毫不困难。精研微博的玩家可能不只经营着一个微博号码，他们的“根据地”遍及各大微博平台，在这些平台上拥有众多的微博号码。自从微博成为网络营销的重要组成部分以来，一些网络公关公司开始在微博上“养号”，以便在需要的时候通过多个渠道帮助客户发布信息和发起商业活动。新媒体和自媒体爆发催生了大量的网络公关公司业务，还有散布在民间数不胜数的网络推手。图 4-1“微博报价单”的出现只是冰山一角，转发或评论还只是最简单的业务。如果对媒体有敏感的嗅觉，更多的推广方法也会在很短的时间内迅速形成渠道。

“根据微博粉丝数量的多少来进行广告报价，这些报价其实已经很高。”一位网络传播从业者表示：“这只是发一条广告的价格。就算一位博主只有 10 万‘粉丝’，如果一周发 3 条广告，那么该周收入为 1 500 元，一个月有 6 000 元，要想挣上万元很容易。”

部分微博转发价目表

微博	粉丝	转发价格
微博搞笑排行榜	71万	500元
歪小点创意工作室	35万	400元
微博经典语录	32万	350元
全球街拍	32万	350元
Pandora 占星小巫	20万	250元
宅男宅女爱冷笑话	13万	150元

图 4-1　微博报价单

四、微广告的影响

微广告满足了用户互动交流的需求，顺应了信息传播方式大变革的趋势。作为互联网的一种最新应用模式，它的高度开放性，介于互联网与移动网之间，无论在何时何地，用户都能及时发布消息。

微广告的出现无疑会增加一个新的工作岗位，能适当地缓解当今社会的就业压力。而且微广告以一种新的方式入侵人们的生活，它的信息传递迅速而广泛，并且它更容易为人们所接受。如凡客诚品帆布鞋形象代言人黄晓明的首个广告视频片通过新浪微博首发，3 个小时，转发量突破 5 万，8 小时突破 12 万，创下新浪微博单日转发历史的新纪录。很明显，在短时间里让 5 万多人转发，这样的广告效应是巨大的。

微广告有天然的平衡机制，如果某个微博的广告味太浓，那么粉丝会立即取消关注，从而消减了其价值。在任何一个传播手段兴起的初期，人们的戒备心理还没有建立，更容易达成传播目的。利用微博进行广告或公关推广，本身就带有大众的排斥性。利用名人微博或草根微博做生意，本身就希望做到掩人耳目的神秘效果。

当然微广告也存在着负面影响。不少专家提出了质疑。邱宝林并不看好草根微博的商业化："这些微博之所以吸引很多网友，肯定是有独特之处，或许是资讯及时，或许是评论犀利，又或者创意十足，如果都是铺天盖地的商业信息，公信力会受损。"邱宝林认为，如果人气微博都被商业化"俘虏"，那势必会倒了"粉丝"们的"胃口"，"久而久之，这样的微博也不会再那么火了"。

"微广告"泛滥有损公信力：微博营销虽然风生水起，但尚处于初级阶段，有人检索发现，微博"鼻祖"Twitter 对广告投放的开发更为细致周全，报价更为细致,可以按点击量、点击次数、商品成交数等量化标准来付费,提供广告投放服务的联盟商不下十个。

相较于 Twitter,微博目前的广告投放则要粗放得多。上海大学传播学院的博士邱宝林长期关注新媒体领域的口碑营销,在他看来,并非所有的商家都会瞄准名博来为品牌宣传:“如果是一些大众消费品,可能目标客户群很广泛,将广告投放在人气旺的微博上就有价值,但如果是一些针对某一类消费者的品牌,微博再火,也未必会吸引客户。”

对微广告的管理本身也是一个很大的难题,因为很难去定义微广告,比如你今天发了微博,说自己在哪家餐馆吃饭,也许是无心,也许是刻意做个广告,很难说。如果一个行业没有明确的管理方式,商业信息的泛滥将会成为微广告的致命伤。

微广告越来越影响人们的生活,它正在以一种肉眼看不见的速度渗透到我们的生活中去改变我们。

微广告浮出了水面,它带给我们的是喜是忧还未知晓,相信随着它逐步成长,它会变得越来越完善。

第五节 微博广告联盟

微博广告联盟,通常指网络广告联盟。Ad Network(中文名称是:广告联盟网络)是一个连接广告主和网络媒体的广告系统平台,一方面为广告主提供广告管理、发布和监测服务,另一方面为媒体兑现部分广告存货的价值。1996 年亚马逊通过这种新方式,为数以万计的网站提供了额外的收入来源,且成为网络 SOHO 族的主要生存方式。

目前在我国,联盟营销还处于萌芽阶段,目前在中国信誉和实力比较好的广告联盟有:百度广告联盟、Google 广告联盟、阿里妈妈联盟、114 广告联盟、深度广告联盟等。主要形式有:广告联盟、流量联盟、影视联盟、插件联盟、网赚联盟。

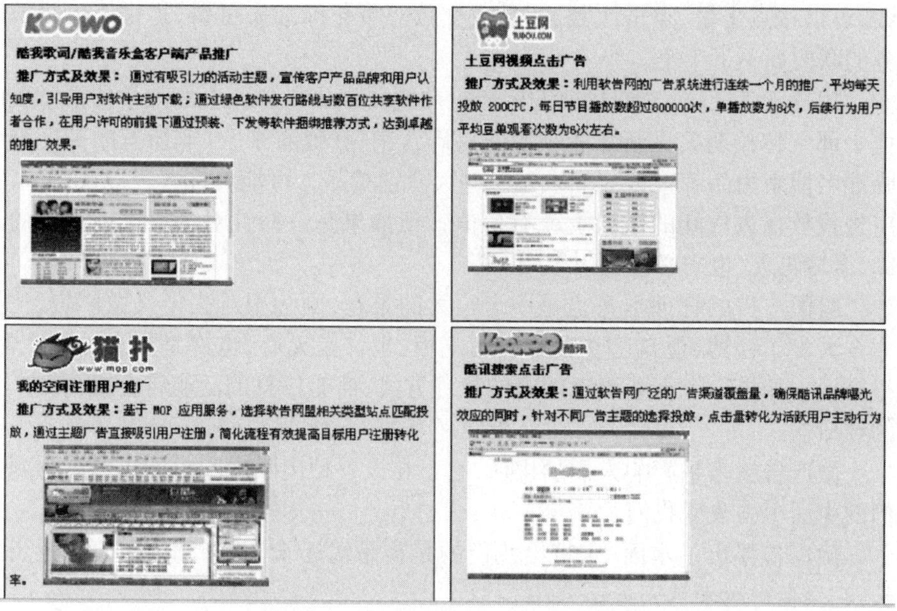

图 5-1 猫扑和土豆网的微博广告

一、各广告联盟的规则

(1)百度:众所周知,百度是中国的 NO.1,但是总给人过河拆桥的感觉,当初什么站都收,现在什么站都 K。百度联盟是最严格的联盟,除了内容要求外,还要排名,比较难进。但是会做的人,做的效果还是不错的。

(2)GGAD(谷歌站长):以前 GG 申请很容易,现在难了,但是还是能申请到,而且 GG 单价很高。对于正规站,技术性的、美容类的站点是个不错的选择。现在很多人卖 GG 号,他们有自己独特的申请方式,这也变成了一个赚钱方法了。但是 GG 很严格,经常 K 号,苦熬几个月,换来的不是美元,而是一封数据异常的信件。

(3)阿里妈妈:这个很多人认为是最不好的联盟,什么站都可以加入,导致市场混乱,可能是后来发展的,规则不严,以便有人加入。做过阿里妈妈的,1 000 IP 一天几毛钱,稍微作弊就数据异常。阿里妈妈现在又叫淘宝联盟,主要搞淘宝的销售分成返利。

(4)深度广告联盟:深度以前的广告比较乱,现在主要做弹窗和点击,但是抓作弊能力不是很好,新系统升级后严格了很多,但是量不大。

从长远看，广告购买已进入双核时代。随着网站广告系统的上线、定向型 Ad Network 的发展以及消费者对网络媒体“消费”习惯的变革，网络媒体购买的模式产生了不小的变化。广告客户及其代理公司开始根据每次传播的不同需求和要达到的回报指标，采取直接购买特定网站的广告位置和通过定向型 Ad Network 购买特定在线目标人群的方法。一些大的广告公司，如群邑、OMD、凯络的广告购买，基本采用该策略。

二、微博广告联盟的要素

微博广告联盟的要素有：广告主、网站主、广告联盟平台。

广告主按照网络广告的实际效果（如销售额、引导数等）向网站主支付合理的广告费用，节约营销开支，提高企业知名度，扩大企业产品的影响，提高营销质量。

网站主则通过广告联盟平台选择合适的广告主并通过播放广告主广告提高收益，同时节约大量的网络广告销售费用，轻松地把网站访问量变成收益。

三、微博广告联盟的群体

微博广告联盟有两个群体。

一个群体就是广告主，就是我们平时说的 Adwords，广告主可以登录来设置自己的广告以及付费。

另外一个群体就是网站主，就是平时我们说的 Absent，网站主可以登录来获取广告代码，投放到自己的网站上，靠自己的网站流量来获取点击收入。

另外，值得注意的是，因为现在的广告联盟日益增多，所以各自的联盟产品（广告业务）不同，性质也不同。虽然都是广告联盟，可是因为他们自身在业界里的形象、信誉、声誉和在对待会员的宣传交易量上的方法不同，所以最后所产生的利益也不同。这就是联盟会员要去区别和认识的关键，选择好的联盟商是你资金快速增长的命脉！

四、微博广告联盟会员如何投放广告

每个联盟平台都有特殊的唯一指定代码，以便识别你投放的广告是否到位和之后的作弊检查，当然这个代码是完整的，你只需要把它复制到你想放的网页展示广告位置里即可！

那么到底如何提高？这个因素很多。例如：同样一个网站，一样的关键字，为什么人家的就在前面而自己的不呢？

“免费电影”这样的词语你在做他也在做，甚至你的网站电影库存是他的10倍，可是你的排名就是不好，追究原因就是你没优化好！

这个词语的日流量是2万~5万，你想有这么一个群体在你站上，你放的广告按照30%转换来算，那也很可观了吧！

按照Google Absent来说，一万IP的货币转换是在10~100元，这就是要看你怎么重视“怎么提高广告回报”和注意“提高广告质量”了！再比如：

图5-2中有个小图标，鼠标滑过时，就会出现该产品的名称、价格和信息。如果愿意，点击购买，用不了多久这杯饮料就能到你餐桌上。

图5-2　微博鼠标漂移广告

“图视广告联盟”简直就是Pizza翻版，不同的是它更符合中国网民的习惯，相对于Pizza，“图视广告联盟”的图钉更是多样，还可以根据客户需求进行定制。

微博广告联盟是一个开放性平台，大多数网站都可以通过图视在自己的网站上实现这种功能，并因此带来相关收益。许多大站点有自己的广告资源，可能不需要联盟提供的广告，而仅需要这种功能存在，那就可以通过跟图视广告的合作来获得这种功能，可以说开放性更强。

互联网并不缺乏创新，更不缺乏模仿，只是多数人的创新和模仿只停留在口头阶段。关于图片式植入广告，早些时候我就听科技网站的人讲了，只是到目前，真正做成规模的、有知名度的还没有。无论是创新还是盈利都有它独到之处，国外在2年前就开始做了，在国内这种新的广告模式才刚刚开始，在一些大的联盟网站如百度、京东、凡客都还没应用。客观地说，微博广告联盟在国内这种窄联盟中算比较领先的一个。总而言之，微博广告联盟，已经表现得越来越重要。

但是，从另一方面讲，这种广告需要鼠标来触发才能展示，但只要用鼠标来触发的，大多数都是对此产品感兴趣的人，因此精准度和引导性更强。之前也有不少文章说图片关联广告会成为未来广告形式的主力，但到底能不能颠覆之前的广告模式，还有待时间去验证。

按照图视的说法，会给站长70%的分成比例，但会不会学百度联盟随意更改分成价格呢？只有让站长挣更多的钱，他们才会用你的产品。对于一种新生事物，或一个新生网站，如何在网民心中树立良好的形象和口碑，是至关重要的。另外，与国内知名网站合作，如与凡客、京东等联盟广告合作，把别人的图片联盟广告外包过来，那么品牌树立的效果远比走散客路线来得快，也更稳固。

五、微博广告联盟的作用

微博广告联盟成了一个继博客之后的全新信息平台。

微博广告联盟以个人面向网络的即时广播，通过群聚的方式，每个人都可以形成一个自己的听众群落；用微博的方式，将个人的见解和观点发布给自己的听众，以最精炼的词汇来表达最高深的观点。某种程度上来说，这种将微博和即时通讯软件兼容，以群广播的模式来形成自己意见圈子的做法，与之前一味模仿相比，在形式上确实有了进步，较为新颖。

六、微博营销新阵地

目前，虽然大多数的微博网站的关注点还在于“跑马圈地”，没有过多考虑盈利模式，但不可否认的是，这一快速、即时且拥有众多跟随者的网络服务，将为不少企业带来潜在的营销价值——微博上真实的声音，可以帮助企业迅速接触到消费者心理、了解消费者对产品的感受、获取市场动态。现在，我们很明显地看到，一些商业嗅觉敏锐的公司、机构，已经在第一时间注册了微博。

总而言之，微博广告联盟，越来越重要，前途非常广阔。

第六节　微博广告的价格和营销价值

现代科技的急速发展，使过去人们靠发电报通信发展成为后来发短信、打电话通信，再变成现在大家所熟知的微博交流。虽然大多数人写微博只是为了快乐，但不排除有先入行的“玩家”将微博发展成生意的可能。

一、"粉丝"= 微博广告价值?

比如,举办一些微博抽奖活动也可以增加粉丝。南非世界杯期间,被广大站长尊称为个人网站教父的二六五科技有限公司 CEO 蔡文胜曾在新浪微博上发起转发微博送 iPhone 的活动。有统计显示, 短短 26 天, 蔡文胜的粉丝增长了 16.4 万名。为了实际测试抽奖活动对于微博粉丝数增加的效果,月光博客也曾经举办过一个转发微博送诺基亚手机的活动,测试结果是,7 天内转发数 1 2000 个,评论 1 1000 个,增加了 8 000 多位粉丝,不过增加的粉丝质量并不高,这样计算下来,平均每个粉丝的价格接近 1 元钱,投资收益率并不理想。

图 6-1　关于 iphone 的微博抽奖活动

广告资源登记表

Client（客户）:

Contract No.（合同编号）:GZLT11-BKH-012

Product（项目）: 新浪微博

Sales:（销售）:

Periods（周期）: 2011.03.29-

微博名称	频道	微博地址	粉丝数量
给力小段子	新浪微博	://t.sina.com.cn/1671201057/pro	119000
女人装-丁灵灵	新浪微博	http://t.sina.com.cn/1870021300	300000+
男女时尚话题	新浪微博	http://t.sina.com.cn/1661557430	100000+
美容扮靓	新浪微博	http://t.sina.com.cn/1659938834	300000+
爱上时尚创意家居	新浪微博	http://t.sina.com.cn/1659916564	110000+
时尚小魔女V	新浪微博	http://t.sina.com.cn/1661525847	100000+
娱乐八卦	新浪微博	http://t.sina.com.cn/1659922801	100000+
时尚潮男前线	新浪微博	http://t.sina.com.cn/1659927661	200000+
我健康我时尚	新浪微博	http://t.sina.com.cn/1661551443	100000+
精彩音乐	新浪微博	http://t.sina.com.cn/1661550774	100000+
全球语录荟萃	新浪微博	http://t.sina.com.cn/1661552301	100000+
语录小博	新浪微博	http://t.sina.com.cn/1661556631	100000+

真实粉丝比例	微博类型	是否永久保留广告	零售单价/条
100%	经典段子	保留1各月	120
100%	时尚女性	永久保留	280
100%	时尚男女	永久保留	130
100%	时尚女性	永久保留	200
100%	家居	永久保留	150
100%	美食	永久保留	130
100%	娱乐	永久保留	130
100%	时尚男性	永久保留	180
100%	健康	永久保留	150
100%	娱乐	永久保留	150
100%	大众	永久保留	150
100%	语录	永久保留	150
100%	健康	永久保留	150
100%	时尚女性	永久保留	120
100%	时尚女性	永久保留	120
100%		永久保留	100
100%		永久保留	100
100%		永久保留	80
100%		永久保留	80
100%		永久保留	80

图 6-2　广告资源登记表

由此可见，对于“微博营销”这个新兴行业来说，衡量一个微博的价值仅仅依靠粉丝数量来计算，显然是错误的。粉丝数量固然是一个因素，但粉丝的质量更重要，一个微博的价值和影响力如果仅仅依靠粉丝数量来计算，是毫无意义的。其中的弊端有三点：其一，举办微博抽奖活动的人一定要有足够的资金，否则发的微博抽奖是虚假的，不会兑现，那样粉丝人数非但不会增加，反而还会减少；其二，举办了微博抽奖活动，如果抽中了，某位中奖者就一定要兑现所抽的奖品，否则就没人相信微博抽奖活动了；其三，一个用户有可能有几个注册号，假如一个用户有500个号，那微博抽奖活动还有什么意义呢？从这个结果上看，通过抽奖活动送手机来获得粉丝的效果不很好，对于提高微博的价值和影响力没有什么意义，不值得尝试，企业微博最好也不要尝试。当然，如果名人搞这个活动，并引发了网络媒体的报道，那就另当别论了。

二、三大微博的广告价值

现在，新浪、腾讯、搜狐这三大微博并驾齐驱。在微博中做广告的人越来越多。然而，在新浪、腾讯、搜狐三大微博中的广告价值又是多少呢？

新浪微博作为一个新平台，意味着新浪可以利用这个平台推进原有的业务，比如利用关注定向投放广告，使商业广告在微博平台上的转化率比门户更高；或者在此平台上开发新的业务，比如庞大的用户基数能够带动基于位置的服务和即时通讯产品的植入，进而演化出新的商业模式。未来可能带来的收入甚至是商业模式都难以预测，且微博带来的收入难以剥离。如果根据微博目前的收入水平对其估值，则显然对其平台价值存在低估，而微博业务在国内兴起时间不长，且都处于门户网站和腾讯这样的互联网巨头旗下。所以，对新浪微博的广告估值还需要长远计划。

腾讯微博在发布企业的营销信息时，建议在措辞上不要太直接，要尽可能把广告信息巧妙地嵌入有价值的内容当中。这样的广告因为能够为用户提供有价值的东西，而且具有一定的隐蔽性，所以转发率更高，营销效果也更好。像小技巧、免费资源、趣事等都可成为植入广告的内容，都能为用户提供一定的价值。

搜狐CEO张朝阳表示：“无论搜狐微博、新浪微博还是人人网、开心网，我认为都是中国互联网进入SNS阶段不同的尝试，本质上没有多大区别。社交网络在中国还处在一个早期阶段，什么都有可能。现在网站不要急于靠这个赚钱，而是要考虑未来，当中国社交网络尘埃落定时，自己能在其中占有几分天下。”张朝阳同时表示，不赞同名人明星利用自己的微博做广告：“从微博的竞争力角度讲，我们希望上面的内容都是原汁原味的好内容，而不是被商业所利用的内容，这样才能使用户来了后看到的内容是有趣的，从而保证微博的长久、健康发展。名人明星有自身的效应和价值，进行自我推销是没问题的，但如果拥有大量粉丝的名人接了某个品牌的广告，每天发赞助代言的品牌的话，那我是不赞同的。”也就是说，张朝阳希望还是好好做微博，对于在微博中做广告的现象，他还是保留态度，并不提倡，但也不反对。

综合上述内容，我发现新浪微博是微博界的领头羊，使用新浪微博的用户主要是在微博中看一些时事资讯，这样使微博中的用户不断增多，从而使用户的人气不断增长，也就是俗称的粉丝数不断增长，这也是新浪微博成为三大微博的原因，其特色是公众人物用户众多，目前基本已经覆盖大部分知名文体明星、企业高管、媒体人士。使用腾讯微博的人最初都是使用腾讯 QQ 的，腾讯微博是后来因为新浪微博的兴起而出现的，使用腾讯微博的用户也非常多，腾讯微博的特点在于细致的产品功底和庞大的用户群。搜狐微博主要体现的是它的差异性，与其他微博有不同的地方，因为看惯了千篇一律的微博，玩搜狐微博的用户要一种新鲜感，所以玩搜狐微博的用户也很多，除“一句话博客”之外，搜狐微博的特点在于和博客、视频、相册、圈子、新闻的整合，目前搜狐微博正尝试打通旗下各产品线，发挥矩阵优势。以上是三大微博的特点，基于这些特点，在三大微博中做广告的价格也都是各不相同，某产品的微博粉丝数决定了该产品在微博中的广告价值。

以大家所熟知的湖南卫视为例。我们可以把湖南卫视看做是一个产品，然后研究其在三大微博中的粉丝数，由其可知湖南卫视在三大微博中的广告价值。

湖南卫视在新浪微博中有 1 260 799 位粉丝，在腾讯微博中有 2 121 691 位粉丝，在搜狐微博中有 34 358 位粉丝。由此可知，腾讯微博的粉丝多。所以湖南卫视在腾讯微博中花费的宣传费多，广告价值大。

有一些结论，在这里与大家分享：

（1）新浪微博、搜狐微博更为相似，二者都求大、求全，试图做一个全面的平台；腾讯、网易相似，二者更注重产品本身，注重用户体验。

（2）门户微博相对封闭。大家都封闭的结果是，谁用户最多谁占优势。尽管腾讯最晚推出微博服务，但其用户量绝对不容小觑。因此为制衡腾讯，开放或许才是唯一出路。

（3）腾讯更专注产品，腾讯微博用户体验最好。

(4)新浪目前站外发布工具最多、用户最多、支持发布形式最多,在微博发展中遥遥领先。

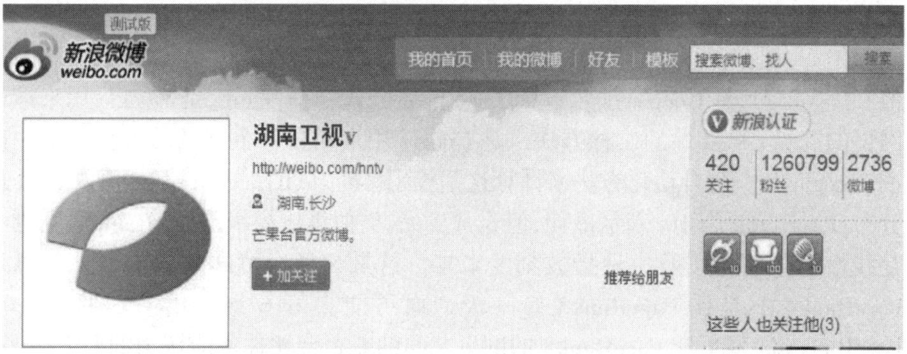

图 6–3　湖南卫视在新浪微博的粉丝数

图 6–4　湖南卫视在新浪微博的粉丝数

三、微博价值和影响力的计算

一个微博的价值(影响力)到底如何计算,很多人想当然地以粉丝数量来计算,甚至新浪和腾讯微博的排行榜也是这么计算的,这显然很容易作弊,因此很难根据粉丝数量判断一个微博的价值。

最粗略的估算方法,即“所有具有互动的粉丝”的总和,为了方便计算,所有粉丝都具有相同的价值,而粉丝的互动(如转发和评论)可以直观地看出来。对于新浪微博来说,通常微博的转发率约为千分之一,也就是说,1 000 个粉丝中,可能会有一个粉丝对微博进行转发,因此,只要统计用户最近一些微博的平均转发数，就可以得到这个微博的粗略价值。具体的计算公式是：微博价值≈(平均评论＋转发)×1 000，这种计算方法虽然有很大误差，但也可以较为简单地排除了大部分僵尸粉丝，甚至通过手算就可以计算出来一个微博的价值。

然而，现在时下盛行的 PageRank 网页排名法可以更简单地计算出微博的价值。PageRank 是 Google 排名运算法则(排名公式)的一部分，是 Google 用来标识网页的等级 / 重要性的一种方法，是 Google 用来衡量一个网站的好坏的唯一标准。Google 有一套自动化方法来计算这些投票。Google 的PageRank 分值从 0 到 10 分布：PageRank 为 10，表示最佳，但非常少见，类似里氏震级。PageRank 级别也不是线性的，而是按照一种指数刻度来排。这是一种奇特的数学术语，意思是 PageRank4 不是比 PageRank3 好一级，而可能会好 6 到 7 倍。因此，一个 PageRank5 的网页和 PageRank8 的网页之间的差距会比你可能认为的要大得多。

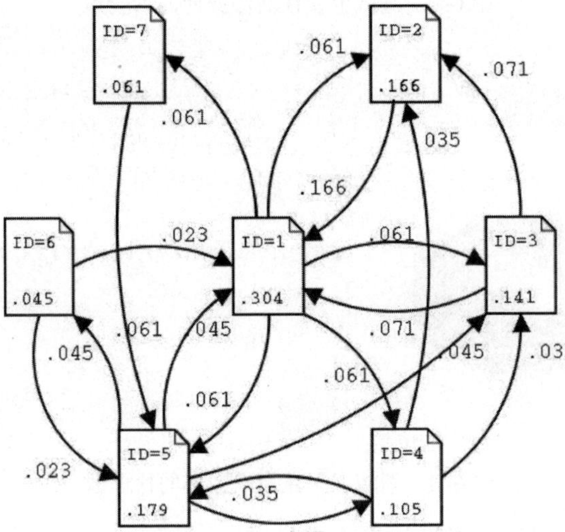

图 6-5　PageRank 网页排名法

第七节　草根微博的广告价值

国内微博网站的主要优势在于支持中文，并与国内移动通信服务商绑定。用户可通过无线和有线渠道更新个人微博。凭借着庞大用户群，微博首页信息的更新速度以秒计算。

很多名人或是明星通过发微博来更新自己最近的动态和心情，为娱乐记者提供最新娱乐新闻。尽管微博走的是名人路线，但不少草根微博也吸引了大量的粉丝。据了解，这些所谓的草根微博，其实背后往往有专业的团队在打理。他们针对某一主题网罗信息，主题鲜明，引人关注。因此，他们的粉丝往往比较高。最著名的草根微博是“冷笑话精选”，据了解，其背后的主人是一个 24 岁的计算机爱好者，名字叫尹光旭。到今天这个草根微博的粉丝已经超过了 200 万。在微博中，“热电影”、“微博搞笑排行榜”、“星座爱情 001”等 ID 很受关注，他们热心网罗世界各地好吃、好玩、好笑的内容，告诉大家每个星座的八卦，在微博上聚集了大量的人气。

而正是大量的人气，引发了广告商的兴趣。他们正试图把商业广告巧妙地放进这些微博里，通过草根微博转发一些信息，就可以达到传播的目的。据了解，两三百元就能在微博上插播一条广告。不少草根名微博由团队操作，有些人甚至月入过万。不少草根名博团队单人的收入已经过万，比普通白领挣得要多，而一些较早且成熟的微博主收入至少是上班小白领的 1.5 倍。据之前的一些媒体报道，“微博搞笑排行榜”负责人曾经发过一份报价单，在其主要微博“微博搞笑排行榜”上发广告，一条收费 500 元，而其团队的另外两个微博“宠萌集中营”、“全球创意搜罗” 则分别收费 200 元。有人特地咨询了一些商业合作的公司，一位女士告诉记者：“现在与草根微博合作，形式多样，其实价格并没有固定的标准，有一些博主加入了自己的创意，我们可以多付费。而一些简单的合作，就少付费。关键是现在并没有所谓的行业标准，具体的合作，我们都会谈具体的价格！”而广告收入也就成了草根名博挣钱的一种方式。

商界人士表示，与草根名博合作效率很高，操作也相对简单，通常不用签合同也不用走太多流程，在 QQ 或电话上沟通后就可以直接发布指定内容或转发广告内容了，还可以用手机发布，一般任务分配出去半小时内就能操作完毕。据他的体验，草根名博都比较讲信用。现在与草根名博合作的商家涵盖了汽车、电子产品、快速消费品等行业。

2010 年，对不少人而言，现在最快能了解到新闻的已经不再是电视和报纸，甚至也不是网站的编辑内容，而是微博。在过去的 2010 年，微博不仅产生了最快的新闻，甚至也推动了新闻事件的发展，推动了微博上的营销。业内人士表示，微博营销作为新生博客的进化版和推进版本，已经得到了众多人的热爱。据权威机构预测，2010 年年底，中国互联网微博累计活跃注册账户数已突破 6 500

万,2011年年中已突破1亿,2012年稳步发展,2013年国内微博市场将进入成熟期。如此规模巨大的用户群以及微博特有的信息快速传递和分享的特点,无疑为企业的品牌营销创造了规模辽阔的“新大陆”。

被草根微博用户关注、转发和评论的话题,都有共同的特点,就是新鲜、奇特、有趣。草根微博用户愿意转发和评论视频、图片、声音等内容,这种音画形式的微博更有传播力,能产生强大的整合效应,这是其他社会化媒体所无法比拟的。调查发现,80%以上的用户使用过微博进行信息搜索,草根微博上的搜索将海量新闻和焦点话题汇聚在一起;87%的人会在浏览微博时主动点击微博中的网站链接,并且转到链接网站。而且,视频网站上有趣的视频、互联网上最新的新闻、专业人士的博客文章、公司的网站等都可从微博上发出网址而吸引用户,实现互动。

一场隐蔽而浩大的草根微博营销战已经打响。无论是出售广告位,还是获得资本的青睐,在微博时代,流量为王显然已经演变成了“粉丝量为王”。这使目前的大部分草根名微博,无论从内容还是微博账号上,都呈现出了极高的同质化倾向。

以新浪微博为例,位居前列的草根基本是以下类型:心灵鸡汤经典语录、星座运程、时尚美容街拍及笑话等。新浪草根微博前10名中,发布各种搞笑资讯的微博就占了3名。这类资讯之所以受到站长们的青睐,是因为从短期来看更“好卖”。

一些网络营销公司成为转发广告的业务中介。根据“粉丝”数量的多少,微博广告的报价从几百元到几千元不等。某网络营销公司提供的报价单显示,“粉丝”数量在10万~30万之间,报价为500元~800元/条;“粉丝”数量接近30万,报价1 000元/条。以此类推,“粉丝”数量超过60万,报价2 000元/条……

“粉丝”正在成为微博营销中的流动货币。真实且活跃的“粉丝”数,是衡量微博推广价格的重要指标。这也许会促使微博平台以新的态度面对目前自发生长的营销模式 。

草根微博营销模式至少有4种:(1)活动营销;(2)植入式广告;(3)客户服务的新平台;(4)品牌宣传。

草根微博对营销有着以下价值:(1)发布新品、传播企业动态信息;(2)开展互动促销活动,“粉丝”召集方便快捷;(3)客服服务上,与顾客及时沟通,解决投诉问题;(4)收集实时市场情报和反馈,收集企业舆情。

总之,草根微博是企业实现品牌营销的有力武器;企业要学会利用草根微博营销的力量,让品牌更有活力。

草根微博随着互联网的发展,推动了市场营销的发展,促使其发生革命性的跳跃,为公司低成本的宣传提供便捷、有效的方法,且为草根微博主们提供了快捷的赚钱方式。草根微博的广告价值越来越高,广告主们对草根微博广告的宣传效果越来越有信心。随着微博发展的完善,草根微博会受到更多广告主的青睐。

草根微博预示着个体的力量不再孱弱,它在影响和改变这个世界上正发挥着越来越大的作用。直观、便捷、高效的传播,使微博大受青睐。

第三章 微博广告的运营

第一节 微博广告创意

微博广告创意主要是利用微博这一不断发展壮大的平台，来展示一系列丰富多彩的平面、视频广告，以此来达到宣传的效果。下面为大家介绍一幅微博平面广告，请先看图 1–1。

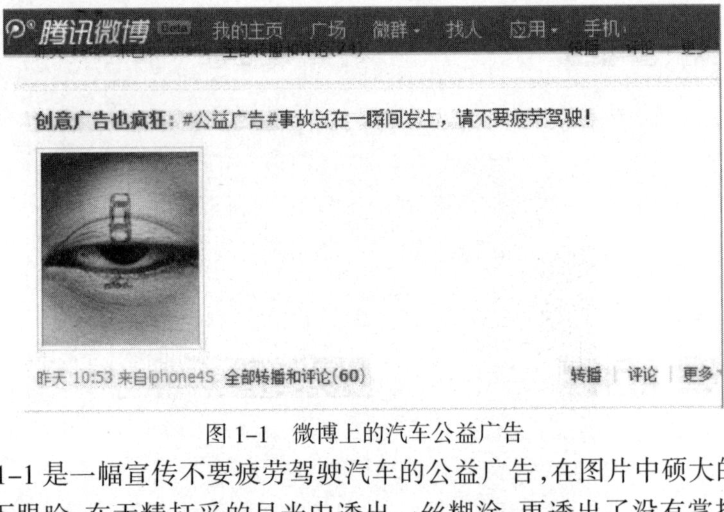

图 1–1 微博上的汽车公益广告

图 1–1 是一幅宣传不要疲劳驾驶汽车的公益广告，在图片中硕大的眼睛无神地垂下眼睑，在无精打采的目光中透出一丝糊涂，更透出了没有掌控能力的人的内心。在这种状态下驾驶汽车能不出事故吗？所以在眼睫毛的上方是一辆汽车，眼看着就要压过即将关闭的眼眶。试想一下，如果眼睛全部闭上，那车子还可以受人控制吗？接下来发生的事情相信每一个看到这微博的人都会知道，

这个广告形象地说明了疲劳驾驶的危害，借助微博平台的即时传播，把这种警示得以放大和宣传，让更多的驾驶者注意：疲劳驾驶就是意味着葬送生命。

图 1–2、图 1–3 都是微博上的创意广告的展示，很多创意广告可以通过微博传播，同时很多微博用户也希望可以发一些有创意的广告图片和视频来博取眼球，毕竟好的创意是人人爱看的，这就是相辅相成的概念了，所以微博上我们可以看到很多富有个性的各种各样的广告。

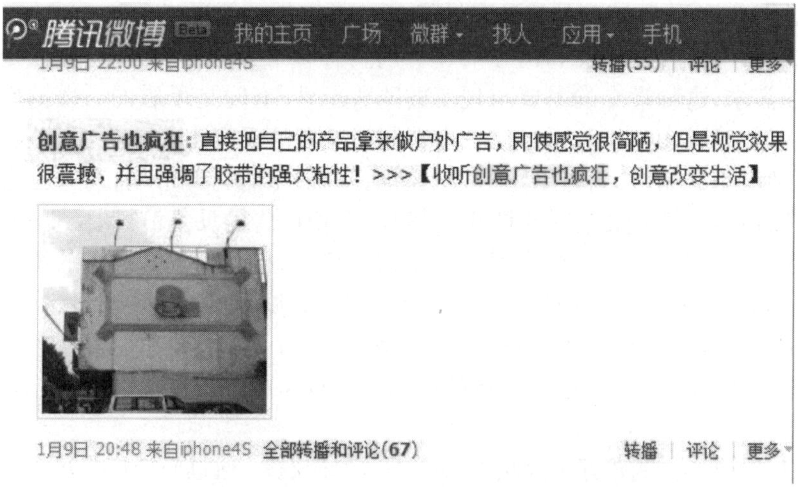

图 1–2　微博胶带广告

图 1–3　微博上指甲油的户外广告

微博广告在促销中有着特殊的功能和效用，简单介绍如下：

（1）微博广告是最大、最快、最广泛的信息传递媒介。通过微博广告，企业或公司能把产品与劳务的特性、功能、用途及供应厂家等信息传递给消费者，沟通产需双方，引起消费者的注意与兴趣，促进购买。如果出现某些产品在某地积压滞销，而彼地却缺少货源，也可通过微博广告沟通联系。为了加强产需之间的联系，现在不仅生产单位和销售单位刊登广告，寻找顾客，而且一些急需某种设备或原材料的单位，也刊登微博广告，寻找货源。因此，微博广告的信息传递能迅速沟通供求关系，加速商品流通和销售。

（2）微博广告能激发和诱导消费。消费者对某一产品的需求，往往是一种潜在的需求，这种潜在的需要与现实的购买行动，有时是矛盾的。微博广告造成的视觉、感觉印象以及诱导往往会勾起消费者的现实购买欲望。有些物美价廉、适销对路的新产品，由于不为消费者所知晓，很难打开市场，而一旦进行了微博广告宣传，消费者就纷纷购买。另外，微博广告的反复渲染、反复刺激，也会扩大产品的知名度，甚至会引起一定的信任感，也会导致购买量的增加。例如，美国有个小企业，专门生产塑胶产品，因知名度不高，导致销售量不高，后来在 Twitter 上做广告，为了取得积累性效果，在 6 个月内连续刊登 12 次，每半个月登一次，半年之后，这家企业的产品知名度从原来的 9.6%提高到 16%，销路终于打开。

（3）微博广告能较好地介绍产品知识、指导消费。通过微博广告可以全面介绍产品的性能、质量、用途、维修安装等，并且消除他们的疑虑，消除他们由于维修、保养、安装等问题而产生的后顾之忧，从而产生购买欲望。

（4）微博广告能促进新产品、新技术的发展。一种新产品、新技术的出现，靠行政手段推广，既麻烦又缓慢，局限性很大，而通过微博广告，直接与广大的消费者见面，能使新产品、新技术迅速在市场上站稳脚跟，获得成功。

第二节　微博广告语的多样化

广告语也称广告说辞、广告口号，微博广告语只是通过微博的形式来更加快捷广泛地传播，可是微博目前还未完全普及，没有电视广告的影响力深远，群体相比较而言也就少得多了。广告语是一则广告的灵魂，是广告成功的关键所在。广告语的核心功能是品牌传播，微博广告语也同样如此。

一、微博广告语按照性质功能分类

（1）品牌广告语，是在市场营销时的主张、承诺，一般比较简洁、短小、精炼，有内涵，有一定的外延深度和广度，容易与目标受众共鸣，富有哲理和人文气息，极具亲和力。品牌广告语通常情况下会统领品类广告语、产品广告语、服务广告语，而它们只是品牌广告语的另一种诠释和延伸。比如海尔的“真诚到永远”、网通的“由我天地宽”、中国移动的“沟通从心开始”、美的的“原来生活可以更美好的”等等。

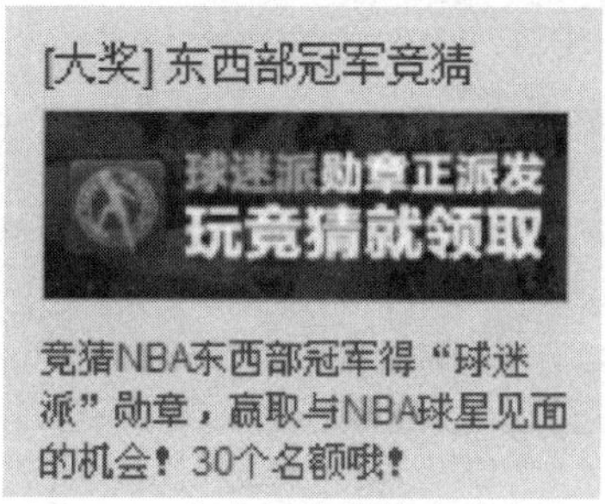

图 2–1　来自新浪微博竞猜广告

（2）品类广告语，就是该品牌同一产品不同系列或品牌在多元化发展战略下，企业涉猎海尔其他区的业务范围所产生的产品的广告语，是主品牌的延伸，从而形成互补格局。还是以海尔为例，海尔品牌的广告语是“真诚到永远”，同时又是该企业的广告语。小天鹅品牌的广告语是“全心全意小天鹅”，小天鹅洗衣机的广告语是“精心创造，为你做到”。361° 广告语为“多一度热爱”。

图 2–2　361° 在腾讯微博的广告

(3)产品广告语,大部分状况下是以产品上市推广主题或该产品的卖点的面目出现的。比如海尔金王子无双系列冰箱的广告语(推广主题)“智高一筹,天下无霜”;海尔金王子微笑系列冰箱的广告语(推广主题)“微笑金王子,微笑好生活”。图 2–3 为哥本哈根动物园广告语。

图 2–3 微博展示哥本哈根动物园的广告

(4)服务广告语,是品牌或企业赋予产品的附加值,一般都是以专业承诺的形式出现。海尔品牌共同的服务广告语为“只要您打一个电话,其他的事我们来做”。摩托罗拉的为“MOTO 呵护,全心照顾”。

(5)企业广告语,是以企业的目标、主张为诉求着眼点,例如:拉芳的“拉芳出品,优质保证”,宝洁的“宝洁公司,优质产品”,西门子的“杰出表现,如你所愿”,等等。图 2–4 为江苏卫视微博广告。

图 2–4 江苏卫视微博广告

二、微博广告语按照句型式分类

(1)断定式的广告语

茅台酒:“国酒茅台,玉液之冠。”

五粮液:“天下三千年,五粮成玉液。”

微力量:“21 天改变。”

图 2-5　微力量:“21 天改变”

(2)叙事式的广告语

华奥金酒:“集三千年西凤精华,酿一杯华奥美酒。”

北大仓酒:“喝北大仓酒,财神跟着走。”

(3)建议式广告语

宁夏红:“每天喝一点,健康多一点。”

宋河酒:“东奔西走,要喝宋河老酒。”

(4)对比式广告语

新疆贡:“吐鲁番的葡萄,哈密的瓜,新疆贡酒人人夸。”

(5)韵语式的广告语

良辰美酒:“良辰美酒,天长地久。”

银杏酒:“常饮银杏酒,活到九十九。”

(6)比喻式广告语

火爆酒:“火爆酒,咱老百姓的五粮液。”

小酒神:“善饮者为仙,善酿者为神。”

(7)联语式广告语

剑南春:“唐时宫廷酒,盛世剑南春。”

太白酒:“一滴太白酒,十里草木香。”

(8)吁请式广告语

青酒:“喝杯青酒,交个朋友。”

邓府酒:“先让一部分人喝起来。”

(9)提问式广告语

柔西风:“谁说我不懂温柔?”

(10)暗示式广告语

西安特曲:“真正的感觉在喝了之后。”

三、微博广告语按照不同的策略分类

(1)利益诉求类,为消费者提供购买的理由,是许多广告不厌其烦使用的诉求方式。的确,消费者是理性的,没有使他心动的利益驱使,是很难促使其消费的。冷酸灵:牙齿抗过敏,就找冷酸灵;索芙特防脱发:秀发跟你一辈子;白大夫:就是让你白;三精葡萄糖酸钙:蓝瓶的,纯净的钙,蓝瓶的,充足的钙,蓝瓶的,好喝的钙;背背佳:让我做快乐宝贝,让我身姿挺拔;强生泰诺:泰诺治感冒,30分钟起效;新康泰克:早一粒,晚一粒,远离感冒困扰;Sony摄像机:不一样的你。

(2)引导消费类,广告人很聪明,很好地把握了消费者的从众心理,于是创造一种消费概念或氛围引导其“适时适地”的消费。脑白金:今年过节不收礼,收礼只收脑白金;可口可乐:带我回家,欢欢喜喜过春节;好记星:好礼好记星,送你响当当;蒙牛晚上好奶:晚上喝的奶;五粮液:欢聚时刻,五粮淳;五谷道场,非油炸,更健康;百事可乐:新一代的选择;吉列:男士的选择。

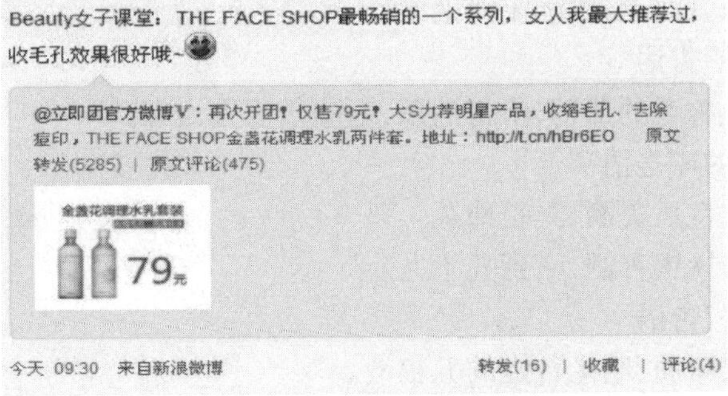

图2-6 微博化妆品广告

(3)张扬个性类,许多青年人都渴望潇洒,都想活得有激情。那些以此为目标的受众观众的广告,自然得表示一下吧。动感地带:我的地盘,听我的;统一冰红茶:年轻无极限;康师傅冰红茶:冰力十足,一起来欢乐;全球通:我能;圣帝罗男皮鞋:世界之大,尽在脚下;梅尔雅西服:享受现在,征服未来;虎都西服:我的都市,我的舞台;美特斯·邦威:不走寻常路;柒牌男装:男人就要对自己狠一点;李宁:一切皆有可能;耐克:只管去做;威鹿休闲裤:想干吗,就干吗。

(4)品质支撑类,你的产品好与不好,不是你说了算,想要证明此产品确实不错,必须要与一些权威机构挂钩,或是通过各种荣誉承载这一优质的产品。华龙日清今野拉面:第23届世界大学生运动会中国代表团专用面;劲霸男装:入选卢浮宫的中国男装品牌;长城润滑油:航天事业合作伙伴;凤铝铝材:中国航天事业专用铝材;红河:中国赛车战略合作伙伴;雀巢:138年营养专家;舒肤佳:中国医学会验证;银桥乳业:秦俑奶粉,中国驰名商标;双汇:开创中国肉类品牌;豪吉鸡精:行业三标志。

(5)温情沟通类,潜入消费者心智,与其坦诚沟通,往往能取得意想不到的妙处。一句简单的充满温情的话语会唤起目标受众消费的感情冲动。蒂花之秀:青春好朋友;好迪:大家好,才是真的好;柏力丝:生活有你更精彩;大宝:真情永不变;迪比尔斯:钻石恒永远,一颗永不变;水仙家纺:恋一张床,爱一个家;瑞家地板:一切为家,我的瑞家;欧派橱柜:让家快乐起来;利郎商务男装:简约不简单;大红鹰:胜利之鹰;红金龙:思想有多远,我们就能走多远;摩托罗拉:沟通无极限;诺基亚:科技以人为本;联想手机:自由联想,快乐共享;联通:让一切自由连通;海尔:真诚到永远;康师傅绿茶:绿色好心情;雀巢咖啡:味道好极了;雪碧:服从你的渴望;维维豆奶:欢乐开怀;太白酒:一滴太白酒,十里草木香;肯德基:有了肯德基,生活好滋味。

(6)自我肯定类,这些广告语更多是源自企业内心的英豪式表白,应是一种宣言。东芝电子:拥有东芝,拥有世界;金立手机:金品质,立天下;格力空调:好空调,格力造;万家乐:乐万家;丰田霸道:霸道,你不得不尊敬;上好佳:上好佳食品,食品上好佳;红金龙:日出东方红金龙;惠特:给世界一双好鞋。

(7)真情公益类,推销味不浓的广告,往往可以降低受众对广告的免疫力,提高沟通指数。严迪:天气转冷,请注意保暖;全友家私:关心大自然,关爱大熊猫;中国移动:奉献源自责任,中国移动通信。

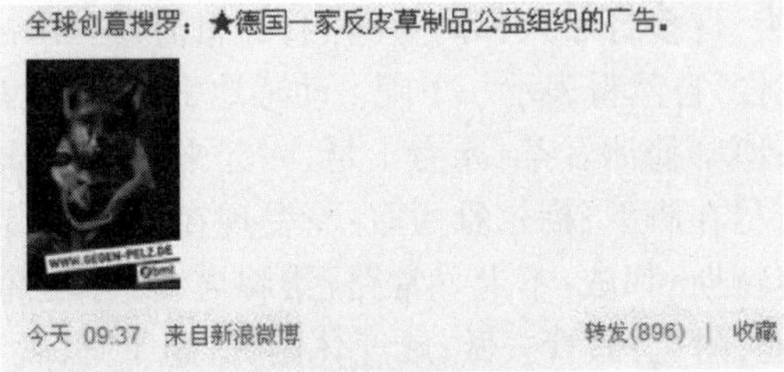

图 2–7 微博公益广告

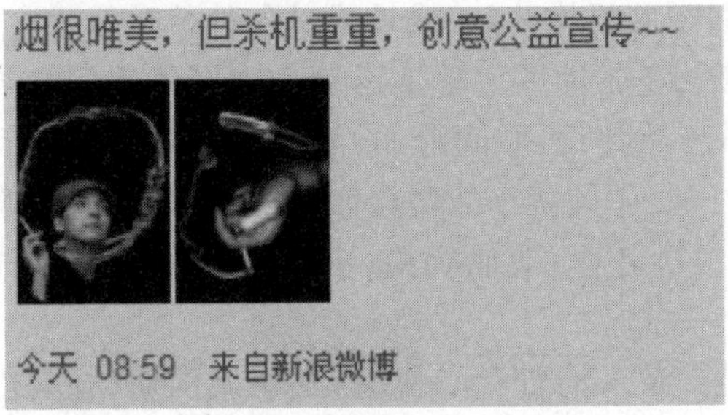

图 2–8 微博公益广告

(8)诙谐幽默类,没有热门拒绝幽默,因为每个人都渴望快乐。好劲道:骨汤加好面,营养不忽悠;北极绒保暖内衣:地球人都知道;蚁力神:谁用谁知道;必奇:腹泻? 上厕所? 真笨,用必奇;曼妥思:我好想你,想你的呼吸。

图 2–9 微博幽默视频广告

微博广告语如此多的分类,都应遵循一个基本原则:广告语独特但不要怪异,通俗但不落俗套,形式要为内容服务,内容的关键就是说服。在互联网应用如此广阔的今天,微博也成了大家交流和传递信息的必不可少的一种手段。这也为广告语的传播提供了一种最简洁的途径。一般来说,广告用语要简练,最好十个字以内，广告的直接目的是让消费者能记得住，简明的事物比复杂的事物要容易记。内容要突出差异性，同质化的产品要用有差异的广告用语弥补其不足。广告语如能独辟蹊径，别开生面，就能从众多类似的广告语中“跳”出来。营造与消费者的亲和力，营销的终极战场是消费者的心灵，成功的广告语能使消费者心动。如今明星效应尤为厉害，很多明星所使用的产品都在其微博上发表，起到了特别重要的作用，为广告产品无形之间带来很多的效益。

第三节　企业利用微博广告的方式

微博，是一个基于用户关系的信息分享、传播以及获取的平台，截至2010年1月，微博在全球已经拥有7 500万注册用户。2009年8月中国最大的门户网站新浪推出新浪微博，成为门户网站中第一家提供微博服务的网站。

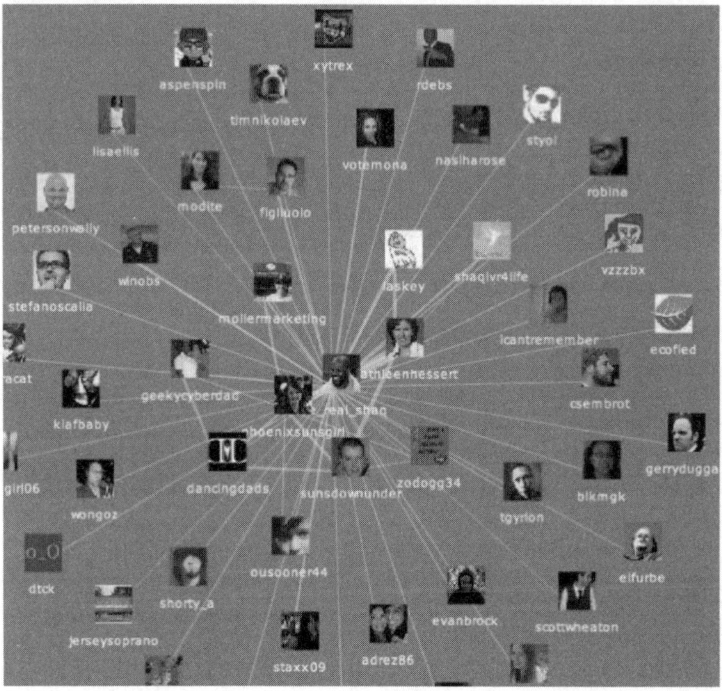

图3-1　微博人群的广大性和使用人群之间的连接性

随着微博的火热，催生了有关的营销方式，就是微博营销。每一个人都可以在新浪、网易等注册一个微博，然后使用它。每天更新的内容可以跟大家交流，如果有大家所感兴趣的话题，就可以达到营销的目的，这就产生了微博营销。因此各大企业没有放过这样一个为自己的企业谋取更多利益的机会，纷纷开始利用微博产生的微博营销来更好地宣传自己。但是大多数的微博网站的关注重点还在于"跑马圈地"，没有过多地考虑盈利模式，所以大企业更多的只是开通了自己的微博来宣传自己而不是盈利。企业到底是如何利用微博来宣传自己呢？下面介绍几种主要的宣传方式。

一、自我宣传

自我宣传就是企业要在微博里面多做活动，且这些活动一定要公平、公正、公开、透明，一定要有反馈，这样才能循序渐进。其实得到实惠的这批人，就是口碑源。

比如头像宣传，虽然说现在很多企业开了微博，但真正运用好微博的确实不多。尤其在头像的运用上，大多数企业都是直接引用自己的LOGO作为头像。

1. 七天连锁酒店

七天连锁店创立于2005年，2009年11月20日在美国纽约证券交易所上市（股票代码：SVN）。作为第一家登陆纽交所的中国酒店集团，7天连锁酒店秉承让顾客"天天睡好觉"的愿景，致力为注重价值的商旅客人提供干净、环保、舒适、安全的住宿服务，满足客户核心的住宿需求。

图3-2　七天连锁酒店在微博中使用的LOGO头像

2. 杜蕾斯

杜蕾斯品牌的所有者是SSL集团公司。SSL集团公司（以下简称SSL）成立于1999年7月，是由Seton Scholl Healthcare公司和伦敦国际集团公司合并而成。该公司的产品均为知名品牌，包括杜蕾斯安全套、Scholl护理产品和鞋类产品、金盏花牌(Marigold)家用套以及其他众多广为人知的消费产品。

图 3-3 杜蕾斯在微博中使用的 LOGO 头像

虽然说直接引用自己企业的 LOGO 突出了自己的企业，但是千篇一律，很难让人眼前一亮，另外大多企业的微博广告公式化，让人觉得有距离感，反响也就小了下来，所以运用 LOGO 头像宣传效果平平。在这一点上，山航公司就做得很好，做到了创新。

3. 山航

山东航空股份有限公司成立于 1999 年 12 月 13 日，其前身系成立于 1994 年山东航空有限责任公司。山东航空股份有限公司由山东航空集团有限公司、浪潮集团有限公司、山东华鲁集团有限公司、山东省水产企业集团总公司和鲁银投资集团股份有限公司重组而成。山东航空集团有限公司将航空客货运输业务折股投入山东航空股份有限公司。2000 年 8 月向中国境外投资人发行境内上市外资股(深圳证券交易所证券简称：山航 B)。企业除了会在微博中利用头像来宣传自己还会用别的元素来宣传自己，比如微博背景图案加入了一些知名明星来吸引眼球。

图 3-4 山航在微博中使用的卡通 LOGO

山航在头像和简介上的风格运用，摒弃了企业一贯的 LOGO，运用的是卡通形象，让人感觉到亲切并且企业的架子没了，另外简介上的“以粉丝为中心”和“做您身边的航空业朋友”两句贴心的话一下子跟粉丝的距离拉近了，互动就会多了起来。所以说，互动从头像、简介就开始了。

4. 巴黎欧莱雅

巴黎欧莱雅是欧莱雅集团的一个开山品牌之一。欧莱雅公司是世界三大化妆品集团之一。它拥有兰蔻、碧欧泉等高档化妆品，微姿、理肤泉等药妆，还有大众化妆品巴黎欧莱雅、卡尼尔等几十个国际有名的品牌，为全世界的人们带来了承自法兰西的成熟和优雅气质。巴黎欧莱雅品牌因为它的多元化及来自世界各地的著名形象代言人而熠熠闪光：克劳蒂娅·希弗、安迪·麦克道威尔、米拉·卓渥维奇、莱蒂提娅·卡斯塔、范冰冰等。

图 3–5 巴黎欧莱雅微博

5. 百事可乐

百事公司是世界上最成功的消费品公司之一，在全球 200 多个国家和地区拥有 14 万雇员，2004 年销售收入 293 亿美元，为全球第四大食品和饮料公司。

图 3–6 百事可乐微博

二、代言人宣传

什么是代言人宣传呢？众所周知，在现在这样一个多包装、多宣传的时代里，为了让自己的品牌公司获得更大的知名度，所以就有了请一些社会名人来为自己推出的商品进行广告宣传的行为，利用知名人物（多是演艺界或者体育界的名士）的号召力和影响力来扩大商品的知名度，从而最终达到提高销量、获得更大效益的目的。所以这里的代言人宣传也是如此。我们的公司可以想到开通自己的微博来达到更好的宣传效果，社会上的名人、演艺界的明星歌手和体育界的名士当然也会开通微博。单靠自己公司所建的微博确实能够吸引一些粉丝和关注，但是如果加上代言人宣传那么影响就会更大。所以这里的代言人宣传也并不是普通地邀请一些知名人士做广告而是让他们也参与到我们的微博中来。

比如如今的微博都有“个人资料”、“关注”、“关注的话题”、“标签”、“加入的群”等这些栏目，这些栏目看似平平其实作用很大。例如我是演员杨幂的粉丝，理所当然会希望极可能地掌握到她的所有动态，那么当我进入杨幂的微博后发现她的关注话题、标签或者加入的群里填写和添加了内容，那么作为粉丝的我肯定也会点击进入链接。所以大企业也是利用了众粉丝对自己钟爱的演员、歌星等这样的心理，和一些知名的社会名人、演艺界的明星歌手和体育界的名士有了互动的链接、关注。

1. 导演陈凯歌“关注”中和新浪微博 iPad 客户端的链接

陈凯歌，福建长乐人，毕业于北京电影学院导演系。中国第五代导演的代表人物之一，执导过《大阅兵》、《霸王别姬》、《荆轲刺秦王》等多部经典作品。陈凯歌出身于艺术家庭，少年时期经历过“文革”和插队。1970 年，陈凯歌参军。1974 年复员转业。1976 年到北京电影洗印厂工作。1978 年，陈凯歌考入北京电影学院导演系。1982 年北京电影学院导演系毕业，后任北京电影制片厂导演。1984 年开始执导影片。1987 年赴美国进修，1990 年回国成为了中国知名导演。

图 3–7　导演陈凯歌微博

2. 董璇“个人资料”中与华谊兄弟的链接

董璇，1982 年生，中国大陆女演员，黑龙江人，2002 年推出《闪》之后，星途逐渐耀眼。随后主演的电视剧《雪花女神龙》、《狸猫换太子》等两部电视剧相继热播，收视率在全国各地都上了排行榜。后她被香港著名导演王晶选中，出演《八大豪侠》中的玉女神医扁素问，与黄秋生、刘松仁、陆毅、范冰冰等明星大腕们合作。

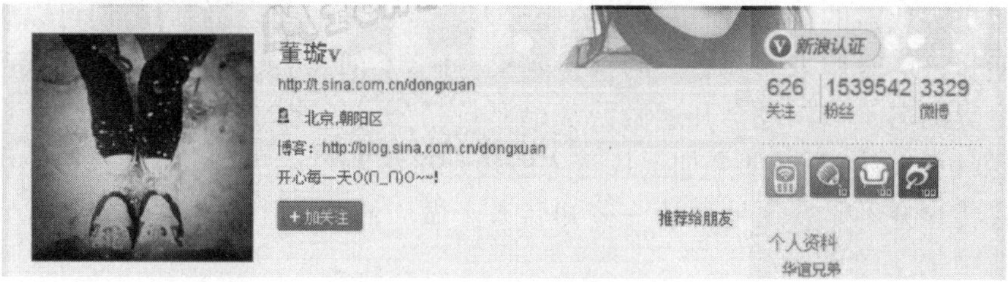

图 3-8　明星董璇的微博

3. 杜汶泽"个人资料"中与英皇娱乐的链接

杜汶泽，原名吴卓彰，香港演员及电台节目主持人，以搞笑出名，现为英皇电影旗下艺人，妻子为同电台节目主持人田蕊妮。杜汶泽于 1994 年被亚洲电视台监制发掘，开始踏足幕前。他曾参演多部电视剧，其中以 1999 年的《我和僵尸有个约会》最为人津津乐道。近年他积极尝试多方面发展，除演出多部电影外，更成为最受年轻人欢迎的电台节目主持人之一。他亦先后凭《无间道》及《无间道 II》获得香港电影金像奖提名最佳男配角。图 3-9 显示出较为显著的大企业利用知名演员来提升自己的知名度。作为英皇娱乐的旗下演员，在自己的个人资料中特意表明出来，也为自己所在的公司企业做了宣传。

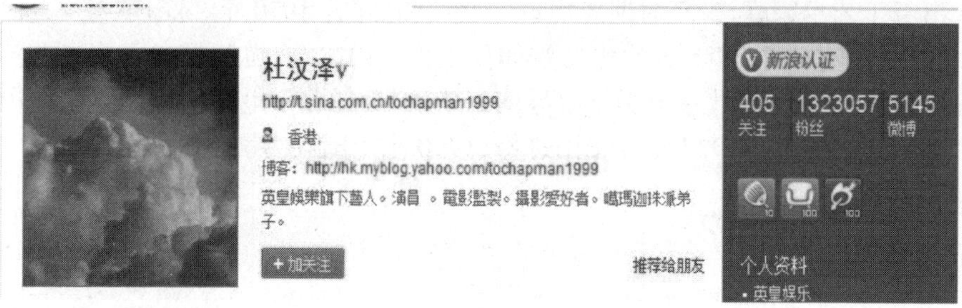

图 3-9　明星杜汶泽的微博

三、联盟宣传

我想联盟这一词让人更多想到的是大型网游里游戏公会之间的联盟，但是现实生活中，联盟也越来越常见了。所以为了更好地宣传自己，很多企业之间在互相竞争的同时，在有互利互益的契机时也会携起手来。

1. 房地产万科与金桥的携手

从图 3–10 中看到的是两大房产公司为一小学添配教育配套设备，从中看出了是两家房产公司的合作。

万科与金桥携手，金桥小学新城校区9月1日开学太湖新城再添高端教育配套。5月4日下午，万科·信成道和无锡金桥教育举行战略合作发布会，现场宣布两家将一起探索多样的合作方式，推动社区教育的发展，为业主提供独家的优质教育资源。 http://url.cn/0ZOXSm

21秒前 来自QQ 查看转播(1)　　转播 对话 分享

图 3–10　房地产万科与金桥的携手宣传

2. 雅士利奶粉与安贝慧奶粉在标签中的互动联盟

广东雅士利集团股份有限公司主营产品有：雅士利奶粉、雅士利豆奶粉、雅士利麦片、雅士利米粉、雅士利饼干。雅士利奶粉是雅士利旗下的四大系列产品之一。公司品管部李经理认为，在食品领域，奶粉是对包材阻隔性要求非常高的一类产品，它对包材的要求主要体现在阻氧性、阻水性及阻异味性等方面。对于雅士利奶粉企业而言，产品保质期一直是大家普遍重视的关注点，要获得较长的产品保质期，高阻隔包材固然是非常重要的一个方面，但同时也与包装袋是否充气密切相关。图 3–11 显示雅士利奶粉在标签中有“安贝慧”字样。

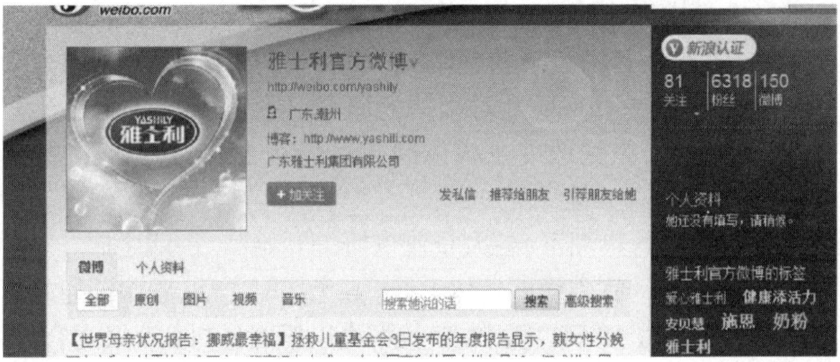

图 3–11　雅士利官方微博

3. 联盟合作可以是跨行企业

联盟合作不仅可以是同类企业，也可以是跨行企业。中粮集团有限公司（简称“中粮集团”，英文简称“COFCO”）是中国最大的粮油食品进出口公司和实力雄厚的食品生产商，享誉国际粮油食品市场，在与大众生活息息相关的农产品贸易、生物质能源开发、食品生产加工、地产、物业、酒店经营以及金融服务等领域成绩卓著。1994 年以来，中粮集团一直位列《财富》世界 500 强企业。图 3-12 显示中粮集团在微博中关注欧莱雅化妆品。

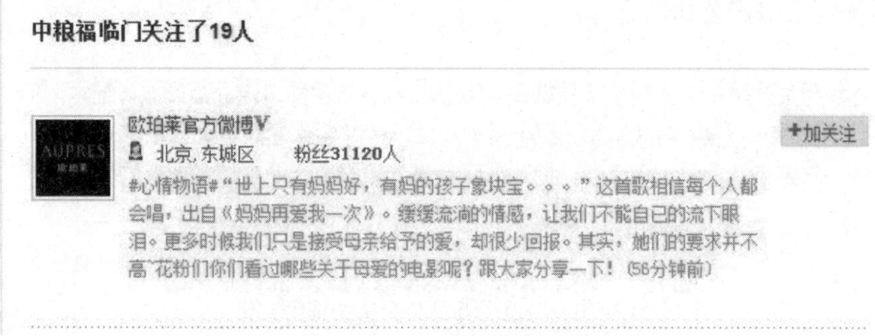

图 3-12　中粮集团的微博

第四节　企业发掘的微博广告价值

对于企业来说，微博的企业营销价值在哪里？企业如何利用它？

继 SNS 和博客之后，微博成为社会化媒体推进过程中的一次新浪潮，如今，微博风暴已经席卷中国。但是这股“微博之力”到底在改变着什么？人们在微博做什么？微博是否存在营销机会和空间？2010 年 7 月 ~ 9 月，群邑中国和新生代市场监测机构联合开展了一项针对微博的研究，研究发现，微博是社会化媒体中用户最活跃的平台，微博改变了媒体的信息传播方式，并有值得挖掘的企业营销价值。

在全民“织围脖”的热潮下，各大企业也纷纷开始其“拼博之旅”。

3 月 2 日，中国移动官方微博悄然上线。6 个小时之后，中国联通的官方微博也开通了。而早在 2 月 18 日，中国电信就率先以集团公司名义开通官方微博。

这只是目前众多企业赶赴微博热、发掘微博商业价值的号角。事实上，就在三大通讯运营商集体“拼博”之前，国航、东航、伊利等各大品牌企业早已开通其微博账户，一时间，企业“拼博”成为一股新的潮流。

根据新浪最新公布的数据，新浪微博注册用户已经突破 1 亿，其中企业用户已经近万。腾讯微博也透露，经过其认证的企业微博数量已经突破 3000 家。据悉，这些企业主要有三类：大品牌企业、中小型电子商务企业和生活信息服务类企业,后两者居多。

一、“围观”创造广告价值

2010 年 8 月 25 日10 点 30 分左右,诺基亚通过网络全程直播 N8 手机首发式,这次直播的主角不是网络视频,而是以微博的方式进行直播。就在直播当天,在微博上推出诺基亚 N8 手机微博发布会,7 小时内即收到微博评论、转发 89 034 条,诺基亚微博首页关注人数达到 49 277 人。

这不是微博品牌营销的首个成功案例。

最早一批微博用户或许还记得新浪的“上微博,送围脖”活动,凡是开通微博的人气用户都会收到新浪赠送的围脖,但大多数用户并不知道这条围脖其实出自凡客诚品。

虽然没有在新浪送出的围脖上标注凡客标志,但是在凡客的品牌微博“VANCL 粉丝团”的配合下,之后的很长一段时间内,凡客和这条围脖一直都是网络关注的热点,此后“凡客体”(凡客的广告宣传文案)的流行更是将凡客的品牌知名度提高到空前的高度。

除了这些,目前粉丝数已经突破 10 万的凡客官方微博在微博上的一系列活动也是赚足了眼球:抢楼送周年庆 T 恤;参与铅笔换校舍活动;1 元秒杀原价 888 元衣服;拉来姚晨和徐静蕾就 VANCL 产品进行互动……

“2009 年,企业的销售额是 7 亿元左右,到了 2010 年,销售额激增到 20 亿元,没有人可以知道凡客体在凡客诚品销售额增长中起到的具体作用,但是也没有人会否认这种作用。必须承认的是,凡客体这种简单句式的简单组合会形成如此迅猛的传播效果,在极大程度上是借助了微博的平台。”凡客诚品副总裁吴声在微博上说。

二、微博成为综合营销平台

“微博的媒体属性决定微博具有强大的广告价值。作为一种营销传播手段,微博营销影响力的大小,很大程度上依赖于微博的转化率和用户对信息的接受程度。这正好符合了微博的特点,因为微博存在圈属性,即微博的分享与转化多在朋友、亲戚、同事之间直接进行。而这些一般是他们比较信任的人,对他们推荐的产品也会产生影响。”腾讯微博商务部门负责人艾芳认为,微博在企业生态链中将扮演相当分量的角色。

“对于大品牌而言,可以加强其品牌宣传力度,对于众多中小企业而言,微博则提供了性价比更高的推广渠道。"艾芳说。

在吴声看来,微博平台在企业营销中也不只是一个信息发布的平台:"企业微博应该是一个综合性的营销平台,除了信息发布,我们还可以通过各种话题与用户沟通,企业微博营销的首要功能不是带来多少销售,而是通过这个平台更加快速迅捷地与用户进行沟通,在此基础上形成一定的黏性,进而通过互动使品牌得到传播,建设更加立体的品牌形象。"吴声表示,目前凡客有一个专门的团队为其微博进行维护。

此外,吴声认为,企业微博营销是一个长期的资源积累和转化的过程,相对于粉丝数量,粉丝群的质量更为重要。

"微博推广重在坚持。"吴声表示,企业微博的推广要立足于互联网传播的特征,通过定期策划话题、及时跟踪热门话题、与粉丝进行良好的沟通,并在此基础上利用转发以及评论等方式使用户自发形成传播效应。

"相对于沉默用户,一个微博的活跃粉丝对品牌的价值更高。"吴声说。活跃度高的粉丝更乐于参与品牌在微博上的活动,与品牌进行沟通,对品牌微博宣传的效果产生直接的影响。

三、产业化微博的广告价值

"自己根本想象不到,一条只有 100 多字的微博,能够产生多大的营销效果,而在亲身体验之后,才知道微博营销具有如此大的神奇魅力。" SOHO 中国董事长潘石屹如是形容微博,现在他在微博的粉丝数已经突破 360 万。

2010 年 7 月的一天,潘石屹在自己的微博上更新了如下内容:"朋友送来一部三星 3G 手机,说让我用一用,并在微博上介绍。我想这不成广告了吗?现在世界上最不缺的就是广告,我就把这部手机送给微博上的朋友,如何送?送给谁?请大家出主意。"几分钟后,一个网友建议:"时间如此紧迫,加之实在不想以此做广告,所以还是用秒杀的方法最为公平利索。"两天后,一个名为"漂在哈尔滨"的人从数以万计的秒杀人群中脱颖而出,成为幸运儿。而宣称不做广告的潘石屹,"粉丝"数量则因此达到 116 万人。

粉丝数量的激增,名人微博拥有的庞大"粉丝"群体,使越来越多的企业"眼红"微博营销。

随着粉丝数超过 600 万,成为新浪微博头号人气微博,艺人姚晨的广告价格也水涨船高,已经成为广告界红人。除了名人之外,一些影响不断扩大的草根博主亦成为广告公司猎取的目标。

据悉,目前一些有一定社会影响力、在微博上表现活跃、粉丝超过 5 000 个的微博博主经常会收到付费博文的邀请,他们已经成为营销商的目标。

网络上流行这样一句话:当你的粉丝超过 100,你就好像是一本内刊;超过 1 000,你就是个布告栏;超过 1 万,你就像一本杂志;超过 10 万,你就是一份都市报;超过 100 万,你就是一份全国性报纸;超过 1 000 万,你就是电视台。

第五节　微博广告技巧

随着微博的不断发展,商家发现在微博上做广告不仅成本低而且传播性非常好。于是就把发展的眼光转向了微博,继而卷起了一场在微博上做广告的龙卷风,把微博和广告紧紧连在了一起。

微博上最早的一则广告案例,是一家图书出版公司操作的,为避免做广告的嫌疑,这里就不说图书公司和图书的名字了。他们的做法是,先是摘取图书的精彩片段,放到微博里,每条片段都附加一张图书的封面,给博友们留下初步印象。接下来才是高明的做法:给每位通过认证的微博名人寄书,大多数人收到书后都免不了写句话感谢一下寄书者,无形当中大大传播了该书的知名度。

微博的力量十分强大, 随着微博的不断发展, 给商家带来了丰厚的利益, 微博是新媒体,广告应该更具新视觉,在网络上卖茶叶的、卖粉丝的、卖成人用品的广告泛滥之后,微博本身具备的过滤功能,使得那些低能广告无人关注。但作为一个信息、观点与智慧的凝结平台,微博使那些优秀的广告得以传播,借着这些广告,我们也间接地了解了网络世界那端的人,他们的思想、行动以及内心的爱与愁。

受欢迎的微博广告要有两个属性:一为娱乐,二为高智商。合成一句话就是:具有高智商娱乐功能的广告,才是让人喜欢看的广告。微博上曾流传一条中国台湾大众银行催人泪下的广告:一位 60 多岁的母亲,用三天时间飞越三个国家,行程 2 万多公里,为刚生育的女儿送去补身体的中药材,她不懂英文,一路经历波折,终于如愿以偿。广告的主题是“坚韧,勇敢,爱”,最后才出现银行名字,只有感动和钦佩,丝毫看不到商业气息。

同样是在微博上做广告,为什么有的广告受欢迎,有的广告却让博友撤销了对其关注? 其实微博上做广告就像是在微博上营销。微博营销实质就是人际营销，现实中交朋友的原则都可以用到微博营销上。微博营销的原则有：(1)真诚原则；(2)乐观开朗原则；(3)宽容原则；(4)个性魅力原则。需要注意的是微博营销并不是发发消息和发发广告，在微博上组织营销，对中小型企业来说是一个绝好的机会。在互联网时代，企业的品牌行为已经有了变化，依靠资金来争取话语权的门槛已经降低，企业可以通过互联网、粉丝行动等方法，扩大自己的影响和关注度。

一、诚信互听、互相关注

刚刚踏入微博的大军，你没有听众，没有广播，这个时候需要主动出击，主动去听别人，这样换来一些初期的听众，为下一步大规模进攻打基础。听别人是有技巧的，不要乱听一气，首先搞明白你下一步要做的是什么推广，然后找受众人群，在找受众人群的时候，再细分一下，找那些活跃度高的、经常发布内容的人去听。这样的结果是，你发布的一些精彩的内容可能被他们立即看到或者转播了。

二、增加听众但不要蛮干

我一开始做微博是属于蛮干派的，每天大量听别人，然后希望别人听我，通过这样的方式增加粉丝，但是结果不是很好，到头来我听了 2 000 人，结果粉丝才 400 人。

正确增加粉丝的方式是这样的：

(1)关注一个人后，向他打个招呼，告诉他你听他了，叫他听你下。

(2)大量转播别人的精彩语录，千万别忽视这个转播，很多人转播的文章，可能多次会“@ 提到我的”，这样增加曝光率，很多人会主动加你。

(3)发布微博内容有技巧，不要单纯地发布。而是要找个话题发布，比如星座的问题，你就要发布到“# 星座 #”这样的话题里，因为很多人关注了星座这个话题。因此，即使别人不是你的粉丝，是星座这个话题的粉丝，他也可以看到你的内容。

三、发布微博的质量很关键

这个不用说了，互联网上一切都是以内容为王，微博也不例外，你每天都发布一些垃圾上去，是你粉丝的人没准也不听你了。多找点精彩的内容，人家一转播，你粉丝就大量增加了。说到粉丝和听众，相信很多朋友都会感兴趣，因

为这是做微博营销的基础。在当前想快速增加微博的粉丝主要有这么几个途径,分别是:

1. 互听互粉

这类增加听众手段,是草根微博增加粉丝最常用的一个手段,也是见效最快的一个手段。因为能通过官方推荐增加粉丝的微博都有一定的背景,普通的草根不可能享受到这个待遇,所以只能通过最简单直接的互粉互听等手段。通过这样的方式,获得几千粉丝还是比较容易的,想获得更多,相对就会累一点,这样的微博要想有更长远的发展,后期内容的运营非常重要。

2. 购买虚假粉丝

这个手段很多草根和名人用户都在使用,这样的粉丝质量是最差的,只是数字好看,但有的名人微博一味地比拼这个,会通过这样的渠道获取粉丝。但这样的行为,我个人觉得非常不好,希望新浪和腾讯微博官方都给予严厉打击。

3. 官方推荐

第一种:官方直接默认推荐给新注册的用户关注你的微博,这样增加粉丝的速度很快,但大部分是僵尸粉,或者对你这微博不是很感兴趣,因为是官方强行推荐的。

第二种:官方把你推荐到一些推荐位置上,增加你的微博曝光,让用户主动来收听你。比如出现在新浪微博名人堂首页栏目中,这样来的粉丝,是用户主动收听的,质量相对较高。

4. 微博活动增加粉丝

通过活动增加微博粉丝,是现在很多企业微博最常用的手段,也可以说是最有效的手段。通过微博活动来的粉丝,与上面 3 个渠道来的粉丝相比,质量要好很多。因为会来参与活动的人,首先说明不是僵尸,是经常玩微博的活跃用户。虽然不一定对你的微博内容感兴趣,但至少不会反感。通过这些活跃用户时常转播你的微博内容,慢慢吸引更多真正对你微博内容感兴趣的用户。

如果把这 4 类渠道增加的粉丝进行一个质量比较,微博活动来的粉丝质量是互粉来的粉丝质量的 10 倍, 互粉来的粉丝质量又是官方推荐的僵尸用户的 10 倍。因为僵尸用户可能还有被激活的一天,毕竟背后是个真实的人在使用,所以官方推荐的僵尸用户又是假粉质量的 10 倍。假粉大部分都是机器批量注册的,除了受程序指挥进行指定动作的时候外,其余时间都是沉睡着的,是最没价值的粉丝。

当然除了这 4 种快速增加微博粉丝的手段,还有别的一些方式。比如微博之间互相推荐,或者做好微博内容,提高微博转播数,自然增长粉丝,等等。利用这些手段,粉丝增长的速度相对慢,但质量很高,因为这些用户对你的微博真正感兴趣,是主动收听和关注你的。

四、怎样提高微博广告内容的质量

(1)根据你推广广告的内容,找准话题,这样的好处很多。受众目标准确,听众多。假如不在话题中发布你的广告的话,你的听众就是你有限的粉丝而已。

(2)发布广告不要偷懒,不要仅仅一个标题,一个链接,这样的效果基本为零。总结下你广告文章的内容要点,整理一份精确的吸引人的简要,再贴上去,这样的好处是,你的粉丝不会感觉你恶意发广告而不听你,而且还能吊起观众的胃口,点击你的链接。360 公司董事长周鸿祎最近之所以爆红,是因为他曾经借助门户微博的传播, 将中国最强大的互联网公司之一腾讯打得节节败退,最后腾讯创始人马化腾不得不亲自出手,使出撒手锏,让用户在周鸿祎的 360 和腾讯的 QQ 之间做“二选一”的选择题,才守住城池。最终在工信部的调停下,双方被勒令收声,各退一步,“3Q 大战”终告一段落。

五、微博 SEO 优化的技巧

SEO(Search Engine Optimization)是搜索引擎优化的英文缩写,是指通过采用易于搜索引擎索引的合理手段,使网站各项基本要素适合搜索引擎的检索原则并且对用户更友好(Search Engine Friendly),从而更容易被搜索引擎收录及优先排序从属于网络营销(SEM)。搜索引擎优化,通俗理解是:通过总结搜索引擎的排名规律,对网站进行合理优化,使你的网站在百度和 Google 上的排名提高,让搜索引擎给你带来客户;深刻理解是:通过 SEO 这样一套基于搜索引擎的营销思路,为网站提供生态式的自我营销解决方案,让网站在行业内占据领先地位,从而获得品牌收益。

1. 微博优化选取热门关键词

做微博关键词优化的时候, 我们要尽可能地以关键字或者关键词组来开头,尽量利用热门的关键词和容易被搜索引擎搜索到的词条,增加搜索引擎的抓取速率,但这些内容也是要和你推广的内容相关,又或者说,你也要考虑到你的听众,如果一味地为了优化而优化,那就得不偿失了。

2. 微博的关键词选取要适当

对 SEO 来说,微博的信息是非常重要的,搜索引擎会把微博的信息纳入搜索结果中来，它们的索引算法也会根据微博的内容，选取信息作为标题，而此时选择这些内容的关键词就重要了，你要知道哪些是关键词，只有找到了关键词，才能更可靠地做好微博的SEO。

3. 微博的名称选取要简单易记

选微博名和选择网站名一样，要简单、容易记，要让微博网名成为你的代言，让其他人看到你的微博名的时候，就能很快记录下来。你所选择的微博名要代表你所推广的站点。例如，要推广站长百科，那么，名称也就是这个，不可能选择其他的和推广内容无关的名称。

4. 微博的URL地址要简洁明了

有了微博名之后，微博的URL地址就变得尤为重要了，为什么呢？毕竟要通过URL地址才能访问到你的微博，而这个URL会影响到搜索引擎的搜索结果。上面说了推广站长百科，那么，URL地址就要写成t.qq.com/zzbaike.com，这样不仅让人容易记住，而且也比较形象。

5. 微博的个人资料要填关键词

微博中都有个人资料的介绍及选项的说明，这些个人资料也会被搜索引擎所索引，在简短的个人资料中，说明自己的同时，也要选择适当的时机，填入要优化的关键词，提升搜索引擎抓取速率。个人资料的内容与微博保持好的相关性，不仅能提升搜索引擎抓取率，而且也不会让你的听众感到厌烦。

随着科学技术的不断发展和人民生活水平的提高，越来越多的人会接触微博、认识微博，并把微博应用到工作中，为企业创造更高的利益。在不久的将来，人们就可以在家办公，在家学习，在家做生意，在家和朋友交流，在家尽情地享受亲情。你足不出户就可以关注重要的新闻和时事，关注所有你感兴趣的东西，知道你想要知道的，买到你心满意足的完美商品，这一切都要归功于微博！

第六节　微博植入式广告

“润物细无声”，植入式广告应该让受众觉察不到它的明显的广告特性，即广告不应该给普通受众带来负效用而应该相反，在接收广告的同时获得收益——娱乐性、知识性等各种类型的收益。其实这条原则也可以作为植入式广告的定义。

为了更加清晰地理解植入式广告的精髓,我们先对植入式广告做一个分类,了解微博的植入式广告是如何展开的。

一、植入式广告

1. 植入式广告的定义

"植入式广告"(Product Placement),是指把产品及其服务具有代表性的视听品牌符号融入影视或舞台产品中的一种广告方式,给观众留下相当深的印象,以达到营销目的。"植入式广告"是随着电影、电视、游戏等的发展而兴起的一种广告形式,它是指在影视剧情、游戏中刻意插入商家的产品或相关内容,以达到潜移默化的宣传效果。由于受众对广告有天生的抵触心理,把商品融入这些娱乐方式的做法往往比硬性推销的效果好得多。

2. 植入式广告盛行的背景

植入式广告的悄然兴起有其深刻的背景,这既包括广告投放环境的因素,又包括品牌管理的需要。具体而言,可以从以下几个方面考察:

媒介环境复杂且投放成本加大,使广告的效益呈下降趋势。以国内电视媒介的情况为例,从1978年的32家电视台,到2002年的330多家电视台、2 200多个电视频道,电视频道和节目播出时间的剧增加速了受众的分化。加上电视媒介赢利模式单一,90%以上的收入来自广告,各电视频道纷纷以增加广告时长的方式维持收入增长,广告发布环境日趋复杂、环境噪音增大、广告接触率严重下降,形成了广告拥堵的局面,因此广告主急需找到新的优质传播渠道。

与媒介环境复杂相适应的是,受众在广告轰炸下,显示出愈来愈明显的离心倾向和逆反心理,充满对广告的不信任感,对各种营销信息表现得越发麻木和冷漠,具体表现为对广告的逃避和不专注。电视甚至呈现出类似于广播的"伴随化接收"倾向,报纸出现了"读报读半截"的现象,而网络广告一方面没有发挥其"互动"的特性,一方面又受到技术性和习惯性阻截,这使大量的广告媒介投入浪费。广告的强制力与吸引力丧失,导致品牌与消费者的有效接触依赖于轰炸式投放,加剧了受众拒绝与逃避,形成一个恶性循环的怪圈。

收费电视无疑是近几年媒介产业的重要话题,大众媒介几乎众口一词表述:"收费频道传输节目不插播广告"。事实上,只要广告投放的原动力存在,广告就不会消失在银屏上:一方面广告主不会轻易放弃电视媒介这一受众面最广、传播方式生动的信息渠道;另一方面,电视媒介也不会轻易放弃每年200多亿元的广告收益。所谓的变化不过是广告将从“显性”向“隐性”转变。可以做一个假设,收费电视如果真能成为电视业的主流,植入式广告必将大行其道。

除了媒介方面的原因,植入式广告的盛行还有品牌管理方面的原因。一方面,广告投入的持续增加,并不能使品牌价值同比例增加;另一方面,处于成熟期的品牌需要以提醒的方式保持产品的销量和品牌的活力,但硬性的品牌形象广告难以持续地激发消费者的热情,连续的广告投放可能造成消费者的麻木,品牌联想缺少有效的更新,品牌容易被视作“老迈品牌”,失去年轻的消费群。

植入式广告是广告主的需要,同时也是节目或影视内容提供商的现实需要。

3. 植入式广告的主要形式

植入式广告的表现空间十分广阔,在影视剧和娱乐节目中可以找到诸多适合的植入物和植入方式。常见的广告植入物有商品、标识、招牌、包装、品牌名称以及企业吉祥物等。

4. 植入式广告的分类

(1)故事情节植入。其实,所有的植入式广告都可以归类于宽泛的“故事情节植入”这个分类。但现在要说的“故事情节”仅限于电影、小说、小品等故事情节强的艺术形式中。在我看来,在故事中植入广告是最无缝的广告。因为故事表现的是人们的生活,真实的生活离不开产品,因此产品广告融入故事之中是非常自然的。

(2)活动场景植入。举办一次活动,给每个活动的出席人员发送一台 XX 牌子的笔记本电脑供其使用。电视台的体育解说面前总会有 一台打着硕大品牌标志的笔记本电脑。电脑屏幕的背面植入一个硕大的品牌标志多少有些不自然,但是比打断比赛专门插入一段直白式广告要自然些吧。

(3)网络游戏植入。SNS 游戏,或者说社交游戏,置入广告似乎是天经地义的。你在布置餐厅时,你要购买桌子、椅子,你要购买橱柜、厨具、做菜的配料,这些不都是相关广告植入的好时机吗?

(4)文本图片植入。有意植入广告的文章又称软文。软文现在似乎名声不好,主要原因是大多数软文违反了前面述及的一个原则:真诚原则。可是,明星们代言的电视广告哪个又不是另一种形式的“软文”呢?(很难相信,明星们自己真的用过这些产品。)图片广告单挂出来是一种直白式的传统平面广告形式,但是把这张图片放在不同的地方,就会产生自然的植入效果。

5. 植入式广告的优势与缺陷

赞助商的追捧,源于植入式广告具有独特的传播优势,这些优势归结为一点,就是能够形成强大的品牌渗透力。

首先,植入式广告的受众数量庞大。有报道称,只有上映 2 万场,上座率在 70%以上的影片才能吸引到电影广告(包括贴片广告和植入式广告),这也说明植入式广告的受众数量极为可观。以《手机》这样叫座的影片为例,其受众包括影院观众、VCD 观众(不要忽略掉数量庞大的盗版市场)、电影频道观众,再加上相关新闻报道的受众,品牌与受众的接触率是极为可观的。

除了接触数量之外,植入式广告更大的优势在于其"接触质量",也就是说品牌可以争取到现有媒介状况下的稀缺资源——高度专注状况下的受众注意。隐性的广告由于其出现的不规律性以及与情节的高度相关性,很少会遭到受众的抵触与拒绝。正如业内人士指出的那样:"电视频道掌握在观众手中,而当他坐进黑漆漆的电影院时,就不能不接受你的广告。"这反映出植入式广告本质上是一种强制性广告。

从消费行为的角度考察, 植入式广告对受众消费行为产生一种光晕式影响,特别在电视电影这样声像俱全的媒介中,强烈的现场感,对消费者形成一种行为示范,如成龙片中的三菱汽车与"勇气与冒险"联系在一起,在深化品牌影响力的基础上,获得丰富的品牌联想,最终赢得广泛的认同与品牌价值的提升。这种潜移默化的影响力正是赞助商梦寐以求的。

当然,植入式广告也存在着不容忽视的弱点:

品牌的适用性范围较小,多数情况下只适用于知名品牌,这是因为受众需要在相当短暂的时间内准确识别出商品包装、品牌或产品外形。因此,品牌要有较高的知名度和认知度,这是投入植入式广告的第一道门槛。相对而言,综艺类节目更有可能利用植入式广告提高某些新品牌的知名度。

植入式广告不适于深度说服, 特别不适合做直接的理性诉求或功能诉求。港产片《难得有情人》是一个很好的例子,剧中舒淇借用吴大维的阿尔卡特手机与前男友联系,不巧手机缺电,吴大维便借此介绍了该手机的优越性能,说道:"因为最近我们公司正在设计这种手机的广告,所以我比较了解它的功能,可以用普通电池替代锂电池,换上干电池就行了。"吴大维一边熟练地讲解着,一边熟练地拆装着手机电池,这种强行植入被评论为"俨然和电视直销现场一样",这明显是对剧情的一种破坏,让观众感到生硬和不自然。

同时,一些前卫产品的功能性诉求甚至可能被受众当做影片的虚构。因此,品牌诉求一般停留在简单告知与提高特性认知度方面。基于上述原因,广告主可以考虑在同一档期发布硬性广告以配合植入式广告, 及时将潜在消费者的

“兴趣”转化为“欲望”。

在影视剧或节目中，可供植入广告的容量有限，过度使用会引起受众反感。在现实情况下，受众倾向于把所有说服性讯息都理解为“广告”，他们对于“广告”高度敏感，一旦感觉到这是“广告”，就会条件反射性地把心灵之门关闭，最终影响到对影视剧或节目的态度。

商业效益的过分追求，必然导致植入式广告的泛滥。

植入广告容易对作品造成的最大伤害是使作品本身主题涣散，又因为这些品牌多与人们日常生活息息相关，很容易唤醒观众感官而带来兴奋点，作品中过多互不相关兴奋点的突兀存在，必然对作品原本思路造成影响，降低作品艺术价值，甚至会喧宾夺主而使主题不再明显，正因为如此，植入广告常常会引起观众的反感和抱怨。

6. 运用植入式广告的要点

运用植入式广告进行品牌传播，应重点考查以下一些环节：

（1）要充分考虑目标人群。即广告主的目标消费者与影视剧或节目的目标受众分析有没有交集，这一点是采用植入式广告时优先考虑的问题。在一部以家庭妇女为目标受众的电视剧中植入 IT 类产品显然是不合适的，目标受众群的分离将造成广告的无效或低效投放。

（2）植入式广告要考虑品牌或产品自身的特点。虽然植入式广告是一种有效的信息传递方式，但是并不是任何一种产品使用此种方式都会取得良好的信息传播效果。因此要先从产品自身的特点出发，来判断其是否适用于植入式广告。植入式广告是一种较隐蔽的信息传播方式，因此这种方式比较适合处在企业产品生命周期中后期的老品牌，不太适合那些处在品牌导入期的新品牌。当品牌处在导入期的时候，消费者对该品牌比较陌生，可能根本不会注意到被植入的该种品牌产品；而当品牌处在品牌生命周期的中后期时，品牌已经深入消费者内心，通过植入式广告可以巩固消费者对该品牌产品的记忆和认识。

植入式广告的难点在于：需要同时满足剧情和营销传播的要求。过分迁就剧情传播，可能会影响广告的传播质量，导致信息偏离营销传播的协调性，与整合营销传播的要求相悖。反之，强调营销信息又可能影响剧情。植入式广告就是在“被情节干扰”与“干扰情节”的夹缝中诞生。在这种情况下信息整合是成功的关键所在，赞助商应与编剧、导演充分沟通，广告植入的痕迹越少，与剧情结合得越自然，传播的效果也就越好。

在影视剧或节目内容中限制植入广告的数量，防止过度商品化的倾向，避免各种广告相互干扰，避免引起观众的逆反心理。现在还缺少相关的研究，但已经有不少人从广告伦理和广告法规的角度对植入式广告的合理性提出质疑。或许有一天，也会步《英雄》贴片广告的后尘，被观众告上法庭。

植入式广告由于效果有不可预见性，难以被测算和被评估广告收益。广告议价只能凭经验进行，如对导演、演员阵容、剧本以及制片方推广能力的考察。将来可以用动态方式计价，在确定一个基价的基础上，广告价格应与实际的收视率、上座率、拷贝发行量等数据挂钩，进行更为科学的测算和核算。

为了扩大影响或强化品牌形象，植入式广告可以与显性广告、软性广告相结合，如在《双雄》和《手机》中，赞助商品牌出现在电影海报上，赞助商参加剧组组织的观众见面会，使观众在入场前就有所期许，可以加深观众对影片中出现的商品的印象，形成一种呼应。此外还可将接触人群扩大到影片受众之外的人群。植入式广告同时也可以配合 SP 活动进行，如放映现场(特别是首映式现场)赠送纪念品或试用装，以期强化品牌接触和形成试用。

二、微博中植入式广告的分类

在现实的生活中，人们做产品购买决策时会“严重地”受到信任的朋友评价的影响，如果一个朋友对我说某某餐馆的饭不卫生，那么我也许永远不会到那个餐馆消费。微博是人际交流的场所，在人们交流的过程中植入广告是微博植入式广告的核心。以下几个微博植入广告的策略不能涵盖所有的营销策略，只为抛砖引玉。

1. 用户体验独白

人们每天都在微博里记述自己的生活经验和感受，这些内容一定会有相当比例涉及自己使用的产品，这些评论就构成了真实的口碑。由此可以得到启发：如果发起一个活动，让使用企业产品的用户来主动讲述自己的产品体验——无论好的体验还是坏的体验，给予体验用户一定的小奖励，那么就能激发用户向朋友传播这个品牌。

尤其要关注那些粉丝多的用户（俗称意见领袖的那些人）的评价，因为他们的评价影响力更广。当然，企业的微博账号可以精选某些用户的产品体验帖子，转发传播他们的评论帖子，这样做并不违背真诚原则。对那些抱怨性的评论一定要“安抚”——记录抱怨的具体内容，并给这些用户清晰可靠的答复。

在我看来，这个营销策略是最直接、最自然的植入式广告，当然，前提是你对你的产品质量有足够信心。

2.“段子”植入

无论是在 Twitter 还是在中文微博上，好玩、幽默、人生感悟的“段子”(有时配上图片和视频)总是能让大众喜欢，喜欢理由如同人们喜欢听相声、脱口秀的理由一样。因此，企业微博把品牌植入这些受欢迎的段子之中，受众一般不会反感，反而会赞叹创意的精妙。

要有效地做到“段子”植入营销，建设一个段子、图片数据库是有必要的，这个数据库为创造广告植入段子服务。

3. 舆论热点植入

早期的“芙蓉姐姐”、后来的“凤姐”、“犀利哥”都是网络舆论热点人物，针对这些热点人物可以设计广告。每个节庆日，体育赛事都会涌现舆论热点，可以抓住这些热点植入广告。

舆论热点有发生、成长、高潮、退潮几个阶段，要敏锐地觉察舆论热点的发展过程，不要等热点退潮后再做文章，那时已经了无新意，引不起观众的兴趣了。

4. 游戏植入

微博互动适合做一些秒杀、抽奖、竞猜等游戏，例如蔡文胜的世界杯竞猜游戏吸引了大量的微博用户参与，自然也为蔡文胜积累了不少粉丝。稍显不足的是，蔡文胜的竞猜游戏没有和他自己企业的产品品牌联系起来(不过，我不知道他送的手机是不是苹果公司赞助的)。

5. 话题植入

2010 年的央视春晚“西单女孩”任月丽火了，随后她多次在个人微博中为盛大游戏《星辰变》做推广宣传。翻查任月丽的微博可以发现，在 2 月 2 日，任月丽新浪微博连续三次提到切客网。(切客，源自英文 check in，指热衷于即时记录生活轨迹的都市潮人，利用移动互联网终端记录地理位置、身边新闻，借此与他人分享。切客就是一个网站。)其中一条内容为“邀请 10 名用户加入切客网，获得邀圣游票”。

另外，在新浪微博上，“情人节”长期位居话题榜第一名，目前有 246 万多网民参与。在该话题榜内记者发现，许多网民在自己微博中推销情人节相关商品，或者组织商业活动。金山公司反病毒工程师李铁军在与 360 公司的战斗中频频亮相，成为一些网民关注的焦点。12 日下午 4 时李铁军在新浪微博中写：“一个邮箱 + 一个手机号，价值几何？这张图给你答案。”参见图 6-1。

下面紧随的是美团网(美团网是一家本地化消费类电子商务网站，每天为消费者提供“本地精品消费指南”服务。为消费者发现最值得信赖的商家，让消费者享受超低折扣的优质服务，为商家找到最合适的消费者，给商家提供最大收益的互联网推广网站。说白了，就是一家团购网站，每天会推出一些低折扣的吃喝玩乐项目）的一个团购项目截屏。有网民在论坛发文称，金山李铁军在微博中开始做广告了。

图 6–1　李铁军的微博

三、微博植入广告分成问题

明星微博凭借数量庞大的粉丝，已经成为广告的新载体。2011 年西单女孩任月丽的微博粉丝数量为 14.7 万，也就是说，她的微博广告至少有 14 万人会注意到。任月丽并不是粉丝数量最多的，当时新浪微博人气女王姚晨的粉丝数量是 5 835 万，搜狐微博刘烨的粉丝数量为 102 万，腾讯微博刘翔的“听众数”是 1 183 万，这些人气明星在自己微博中的广告，会直达其粉丝的微博，类似于广告直投。

新浪微博相关人士称，只要广告内容不违法，新浪就不会干涉，暂时也不考虑与博主分成的问题。

四、微博植入广告部分转发被封

一些名博在自己的博客中植入广告，一些商家则身穿马甲，在微博中群发与本公司有关的商业信息。一些用户就是因为转发信息过多而导致账户被封。“winneyzhang@msn.com”参与了江苏卫视的活动，获得了 100 元的话费卡和 500 元的现金，第二天发现自己微博账户被封，无法领取奖金。新浪客服称，该用户发布了广告信息类的内容。

新浪微博系统管理员发帖称，春节期间接到用户举报，微博中出现购物网站广告等垃圾信息，影响了用户的正常使用。“经调查，我们已经找到作恶者，并已对其进行了严重警告。如再发现，将坚决通过法律途径处理。”

新浪微博称，目前个人微博做广告现象还不多，主要是名人还是担心自己的声誉。创新工厂李开复称：“从长期看，微博正面效果会远远超过负面，因为转发机制会自然地屏蔽广告和垃圾信息。”

五、微博植入式广告需要注意的几个问题

（1）植入式广告不适合深度说服，不适合做直接的理性诉求或功能诉求。

（2）不是任何企业和产品都可以做植入式广告，一些新的缺乏知名度的产品不适合做植入式广告。

（3）一个好的植入式广告，宣传的商品和品牌必须贴近节目，融合到节目之中，这种融合表现为：节目诉求的价值观与品牌的价值观尽量一致；目标观众和产品目标消费者要有共同点，这样才能取得植入式广告的最佳效益。

（4）节目第一，广告第二。

（5）植入式广告要与常规广告配合。

虽然，独白式、强制性的传统广告现在还是广告的主流，我相信，随着网络的发展、SNS的崛起，当下强制性的主流广告终将退出人类历史的舞台——退出的速度将远远超乎现有的主流广告的从业者的想象，取而代之的是互动营销。从现有的营销实践看，植入式广告只是互动营销的一个分支，是独白式广告的一个“愉快的”变种——这个变种克服了传统广告一个无法克服的弊病（不厌其烦），而让受众愉快地接受广告，这无疑拉开了广告变革的大序幕。

第七节　微博软广告

微博软广告，首先需要清楚软广告的定义。软广告即以新闻形式出现的广告。软广告狭义的定义是：企业花钱在报纸或杂志等宣传载体上刊登的纯文字性的广告。这种定义是早期的一种定义，也就是所谓的付费文字广告。软广告广义的定义是：企业通过策划在报纸、杂志或网络等宣传载体上刊登的可以提升企业品牌形象和知名度，或可以促进企业销售的一种宣传性、阐释性文章，包括

特定的新闻报道、深度文章、付费短文广告、案例分析等。从 80 年代起，世界企业界兴起提高企业美誉度的热潮。以前企业都重视广告直接介绍产品，现在“上帝”对这种“王婆卖瓜，自卖自夸”反感了，于是企业顺应“上帝”心理，来个新的攻关战术——“王婆卖瓜，不吆喝卖瓜，但又要让你知道在卖瓜”。提高企业美誉度的“软广告”由此应运而生。美国的“可口可乐”公司，一会儿到中东解救饥荒，一会儿到非洲援助灾民，不久前，他们在莫斯科街头竖起了 1 000 个电话亭。种种公益壮举，把“可口可乐”宣扬得全球闻名。

图 7–1 《流星雨》中为某品牌跑车做的软广告

我国目前的微博网站主要有以下几个：网易微博；搜狐微博；腾讯微博；新浪微博；百度的 i 贴吧；饭否网；嘀咕网；火兔网；同学网；Follow5（至今仍然保持国内微博领域的数个首创）。微博以电脑为服务器、以手机为平台，把每个手机用户用无线的手机连在一起，让每个手机用户不直接使用电脑就可以发表自己的最新信息，并和好友分享自己的快乐。

微博广告可以是硬广告，也可以是软广告，一开始，大家纷纷尝试微博硬广告，然而，成功的案例并不多。

一、微博展开营销的好处

（1）微博上每一个用户都是真实存在的（当然，机器人也是存在的，但比重不大）。这些用户的特征是你可以预见的，通过观察他的发言，你可以看出他的消费特性，然后对症营销。

（2）微博营销是一个很低成本的营销方式。你只需要一个微博账户，并坚持维护,即可。

(3)微博的信息传递速度要快于任何其他媒体,广度也正在不断扩大。因为微博的性质是实时的,同时你有多少粉丝(关注者),你的信息基本上就会被多少人知道,再加上你粉丝的继续传播,这个受众量是极其庞大的!

二、硬广告遇到微博——败

那么,微博是否适合硬广告?通过前辈的不断地尝试,总结出这样一个观点:微博不适合硬广告,更适合软广告。

下面让我们来看一则在微博上发硬广告的失败案例:

【案例】

11 月 11 日是“光棍节”,“新通国际网站”的某个营销人员想利用这个日子推广一下“新通国际”的网站。他想到的关键词是“脱光”(即“找到了女朋友,告别光棍生活”)。他注意到他们公司楼下的银杏树叶子一夜之间掉光了,于是拍了照片,PS 之后发到了网上,标题是《【11.11 光棍节宝典】一夜脱光的秘诀——我是如何告别光棍生涯的?》。同时,发在了微博里面,结果效果不好,转发不多,回复也不多(他在他经常逛的一个论坛里也同步发了这张经过处理的广告,只有 200 多人浏览,但无人回帖。他之前发的帖子浏览量一般都是过千的,而且回复足够多)。

图 7-2 处理得太过了!广告痕迹太浓了!(就像有些朋友,明明是写“软文”,结果看起来像硬广告。)网友看到图上的“要留学 上 IGO”,就觉得这是赤裸裸的广告,顿生厌恶之心。即使觉得好玩,也不愿意转发了。人们普遍的心理是:为啥要帮你做广告,你又不给我钱!这次传播失败的重要原因就是:广告设计太功利!广告痕迹太明显!完全不是“植入广告”,而是硬性插入的广告、赤裸裸的广告。当然,一个次要原因是提前量不够,没有预热,应该在 11 月 9 日或 10 日发,效果应该会好一些,但它是光棍节当天的下午发的。宣传时间太短——过了半天就失去时效性了。这是一则典型的微博硬广告的失败案例。

图 7–2　微博硬广告

硬广告的商业味道浓，可信程度低，时效性差，广告投入成本高，强迫性的说教，等等，缺点很多，如果硬要在微博上插硬广告，就好比在精彩的电影中植入广告，“观众”不仅反感，而且这种广告多了，观众也无法记住你的这种产品。

谈到它的成本，微博上的广告位极度有限这一缺点，限制了很多中小企业的发展。

请看图 7–3：

图 7-3 微博广告位有限

图 7-3 是微博硬广告，是湖南卫视“快乐大本营神马达人推荐”的宣传广告。整个微博版面就只放下了这一则硬广告，这足以证明微博上的广告位是极其有限的，物以稀为贵，自然这则广告的费用也只有像湖南卫视这样有雄厚物质基础的电视台才能争取到的。大部分的企业，即使有在这个上面做硬广告的意图，也没有足够的财力。

我们再来看一个例子，请看图 7-4：

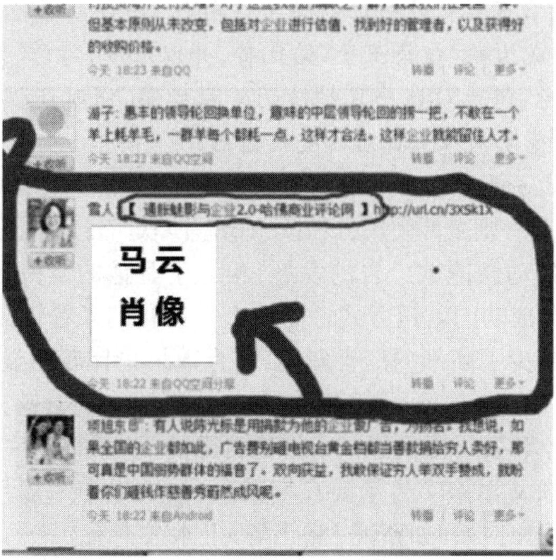

图 7-4 微博硬广告效果不佳

图 7–4 是从微博上截下来的，很显然，发送此条微博的意图是在为“哈佛商业评论网”做广告，而且这则硬广告还借用了名人马云的头像为这个网站做广告，可是效果也很不明显，虽然微博上的参与者很多，可能有很多人看到了这则广告，但是很少有人会去点击它，所以转发它的人数是少之又少。

以上举了三个例子：第一个“一夜脱光”微博广告，体现出硬广告太过商业化，不能引起博客的注意，还很可能引起大家对它的反感；第二个“神马都给力”的广告，凸显出微博硬广告的广告位数量及广告成本的局限性；第三个“哈佛评论网站”的微博广告，它又证明了，用硬广告的方式来进行微博营销是很难引起人的兴趣的，如果想靠硬广告在微博上打开自己产品的市场，那是艰难的甚至是不可能的。至今也没有出现很成功的硬广告微博营销方案，所以，在微博上插播硬广告是不合适的。

三、软广告碰微博——成

反之，我们来研究一下微博软广告营销，它与硬广告微博营销是截然不同的一种营销方式，微博软文广告能让人更容易接受。让我们来看一个关于谈恋爱的例子。

【案例】

两位都很可爱的男生分别给一位漂亮女生写情书，一位在纸上只有斗大的几个字：“王大美，我爱你！”另一位则除了这句外，还详列了他为何爱上她的理由，以及自己够格成为她“白马王子”的优势，并以浪漫、诗意、细腻的叙事方式，介绍了自己于何时、何地对她一见钟情的美丽故事，同时还描述了自己深沉热烈的思念之情、展望了两人交往后的美好蓝图，等等。

王大美小姐读了两封信后的感觉自然是不一样的。

同理，消费者看一则微博硬广告和读一篇微博软广告后的感觉，是不一样的。

微博的出现带动微博软广告的发展，相对于其他的微博营销方式，软广告微博营销是现今最成功的营销方式。为什么？让我们来看软文发布的好处：

（1）价格低：减少了高额的广告费用，而且效果也比较明显。这一个恰好符合了微博营销的一个优点——微博营销是一个低成本的营销方式。成本低了，这样给更多的企业和公司提供了一个推销自己的机会和台阶。

（2）投入少：软文不像广告需要长期投入，软文发布一般只做一次就可以。可以直接在各大门户网站（如新浪 / 腾讯等）上永久查看。

（3）不断传播：一个网站首先发布出来之后，别的地方和专业网站都会不断转载。

(4)提升形象:客户运用微博中的搜索引擎搜索企业的公司名或者产品的关键词,会在一个页面或几个页面上看到公司的相关信息。有这么多博客转播了关于这个企业或者产品的相关信息,很好地提升了形象和可信度,提高了客户成交率。

请先看图 7-5:

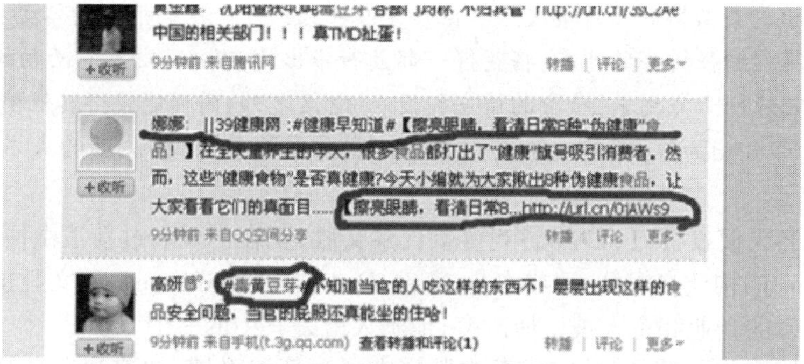

图 7-5 微博软广告效果更佳

图 7-5 是从腾讯上截下来的。最近,食品安全是全国人民关注的热点话题,"娜娜"这个博客,借用热点话题"毒豆芽事件",写了一些人们关注的信息,打出健康的旗号,并借此机会标出自己想要宣传的"健康网"。这样一来,看到这则信息的人们都会愿意点击这个网站了解详情,因为人人都会很关注自己的健康,有了一个这么健康的网站,当然要进去学学健康常识,了解一下市面上有哪些食品是健康的,这样就达到了一个很好的广告效果了。这个就是软广告在博客上的力量。

还有一个微博软广告的经典案例:

【案例:蔡文胜微博营销】

蔡文胜于 2010 年 6 月上旬(1 日)发微博:"今天凌晨我发微博,粉丝超过一万的个人站长可以找我要 iPad。条件细节如下:第一是粉丝达到一万的时间为我发微博时间,凌晨一点止。第二,必须是真正的个人站长。第三,请符合条件站长在今天中午一点前,给我邮箱,cws@4399.com,发来你的新浪微博账号、网站名称、邮寄地址电话。谢谢,过期不候。"

16 位新浪微博粉丝数过万的个人站长,每人获得了蔡文胜送出的一部 iPad。

6 月中旬(19 日)发微博:"今天端午节,为感谢博友们的支持,配合世界杯和大家互动一下。大家可以竞猜世界杯最后的四强排名。一，只要评论我这条微博，写出四强顺序，例：1.阿根廷，2.德国，3.巴西，4.英格兰。并转发到你自己微博留底。二，从现在开始72小时内回复有效。会以最先回复时间来计算前32位猜中者，送出32部iPhone4。”

这条微博在发出两天之后，就已获得超过3.6万次的转发，以及几乎数量相等的评论。

发出这条微博的正是蔡文胜。他用139字组织了一次新浪微博活动：前32位猜中世界杯四强排序的博友，将获得一部最新推出的iPhone4。参与活动的截止时间是当日晚间六点之前，猜中的博友即便在32名之外，同样能获得其他奖品。

16部iPad加32部iPhone4，如果将此视作微博营销，蔡文胜的成本已近40万元。

著名天使投资人、4399游戏董事长蔡文胜，正在尝试通过新浪微博（http://t.sina.com.cn）构建自媒体，而成本是16部iPad加32部iPhone4。蔡文胜预计未来会有更多的企业和个人被微博改变，他本人就是其中的一个。

在博友收获奖品的同时，蔡文胜也在通过新浪微博，加速塑造自媒体的品牌形象。

每一个iPad价格在4 500元左右，16部iPad总价值约72 000元，蔡文胜能得到什么好处？从表面上看，谁的粉丝多就送谁iPad。别以为蔡文胜是傻子，能够有1万微博粉丝的16位站长都是互联网的知名人物，如果以最低标准每人1万粉丝算，假定这16位站长有1/2的粉丝是交叉的，估计这16位站长新浪微博所影响的人在8万~10万。

平白无故地拿了蔡文胜一个iPad，站长们多多少少要给蔡文胜说几句好话，最起码不能说蔡文胜坏话。写个评测，发个博文，说一说蔡文胜送了一个iPad，是有必要的。

如果说6月1日送的iPad是一次偶然，那么6月16日送32部iPhone就是一个精心的营销策划了。蔡文胜在新浪微博称，只要猜中世界杯前四强排名的前32位，将可以获得由蔡文胜送出的32部iPhone4，随后，蔡文胜又在腾讯微博发布同样的微博。

我没有办法获得蔡文胜粉丝的增长速度，但从一个博主在5月27日写的一篇文章中可以看出，当时蔡文胜新浪微博的粉丝数量是96 928，而到6月22日，蔡文胜新浪微博的粉丝数量是260 991，短短26天，蔡文胜的粉丝增长了近3倍，平均每天增加6 310名。而在腾讯微博，关注蔡文胜的人已经达到了 108 144 名。

就这样，蔡文胜以总共约 50 万元的代价，当时已经获得了近 37 万的粉丝关注，而这个数量还在继续增长，到世界杯结束，蔡文胜的粉丝数量已经增加到 50 万人。

除了如此庞大的粉丝群，蔡文胜还获得了媒体的持续关注，包括一些个人博客，这个关注会持续到世界杯结束之后相当长的一段时间。不说整个互联网，我估计至少半个互联网也就是 2 亿网民都知道这件事了。如果说花 50 万元可以得到 2 亿人的关注与正面评价，我想任何一家公司都会愿意出这个钱。

蔡文胜的这个时间点选择得非常好：一是世界杯，大家都在关注，符合热点事件；二是蔡文胜本身就是名人，可以获得媒体的关注度；三是新浪微博和腾讯微博正在打得不可开交的时候，所以大家也希望通过这个事件来证明自己在微博上的影响力，所以两家公司都不遗余力地支持蔡文胜这个活动，可谓占尽天时地利人和。

如果拿 50 万元去做广告，能带来什么价值？在新浪的首页做一天的广告，在 Google 折腾几天，带来短时期内的点击量，然后归于沉寂。但 50 万粉丝能做什么？50 万粉丝就说明你掌握了 50 万张嘴和 50 万对眼睛。以后只要蔡文胜发表一条微博，按转播的衰减度为 1/3 的话，那么被转播将达到 150 万条，而按平均每个粉丝又有 10 个粉丝的话，那么你想一想，有多少人可以看到这条微博。假如蔡文胜发布的不是一条微博，发布的是一条软广告呢？结果会是什么样？

实际上，蔡文胜一次支付 50 万元，然后利用新浪微博和腾讯微博这两个平台，将自己成功地塑造成为一个自媒体，推销自己的价值观，推销自己的产品，提高自己的知名度。而最关键的是，这种影响力是持久的，不用再支付一分钱，而粉丝还将像滚雪球一般扩大。

蔡文胜成功地利用了软广告和微博廉价、更新速度快、用户多等优点推销了自己和自己的企业。所以，软广告微博营销的力量是强大的，只要细心经营，善于发现，企业产品就能在微博上找到市场。从而也得出结论，硬广告是不适合放在微博上的，它和微博的结合只会造成更多的局限。

在 2010 年，微博酿成了最热点的词汇，人人都在织“围脖”，都在领略这个由媒体带来的魅力。在 2011 年，微博成为兵家必争之地，可以预见的是，基于微博的微营销将成为不少企业下一步的营销重点。而硬广告则不是最好的微博营销方式，软广告反而适合微博营销，能助企业和个人打开更大的市场，成功地开辟另外一片新天地。

第八节 微博营销新形式——背景图广告

网络营销有很多种，但是最近备受关注的就属微博营销。就在微博深入人心的时候，许多广告商瞄准这个机会，在微博的背景上放广告，赢取利润。

一、微博背景图广告的含义

所谓微博背景图广告，就是在微博网页的整体背景或局部的背景上方做广告，以牟取利润。微博是现在最火的媒体，很多大牌明星都开微博，很多广告商都瞄准了这个契机。各个广告商不放过可以在微博上打广告的机会，在微博网页的各个缝隙里插广告，还有把广告发给用户的，在微博的背景图上放广告虽然没有在页面上的广告显眼，但是背景图上的广告肯定会有一定的吸引力，从而给广告商带来一定的利益。正在兴起的一种新的微博营销形式——背景图广告，会有很好的前景。

图 8-1 新浪微博背景图广告

二、微博背景图广告的优势

经常会在上网的时候看到各种各样的背景图广告，生活中也常会出现，如某牌子的笔记本，在它的内页页面上会有一排排隐隐约约的字体，写的就是这个牌子的 logo。这样，用户可以在使用这种笔记本的时候，即使不刻意地去看这些隐约的字，脑子里也肯定对这个 logo 产生印象，这就是广告商想要达到的效果。

某微博的发布栏也是如此，在空白的发布栏上印上某某，用户每次要发布的时候，会有意无意地看到那些 logo，这就是一种潜移默化的作用，用户会在无意识的状态下把某牌子的 logo 记在脑海里。

背景图广告不需要刻意去看、刻意地去关注，反而加倍地达到广告商的目的。这种广告所达到的盈利效果是不言而喻的。因而背景图广告成为各个广告商争抢的香饽饽。微博自身的特性及传播模式让背景图广告这个新营销方式执行得更加得心应手，带来的效果更具有爆炸性。

三、微博背景图广告的特点

1. 立体化

如图 8–2，这条微博通过发图片和文字来对产品进行描述，还有吸引人的价格，使人更形象直接地了解产品，从而产生购买的欲望，就不是简单的阐述，而是文字、图片、价格，立体地强调商品的作用，这样受众获得的就是全方位的信息和资料，对产品的印象将更深，对这条信息的理解就会更全面。

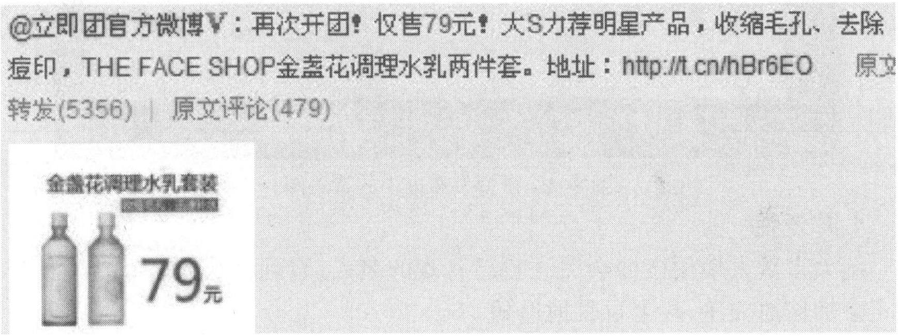

图 8–2　文字与图片并茂

2. 高速度

图 8–3 是姚晨的微博，她堪称微博女王，她是粉丝最多的微博用户，她发一条微博马上就会有几千人回应她。广告商可以运用这种特性，制作一条有吸引力的微博背景图广告，如果有关注度比较高的人转发了这条微博，就可以借助她的微博号召力让更多的人看到这条背景图广告，达到宣传的效果，任何一个商家都渴望和她合作，毕竟姚晨的一条转发将是绝对高速度的背景图广告信息的传递。

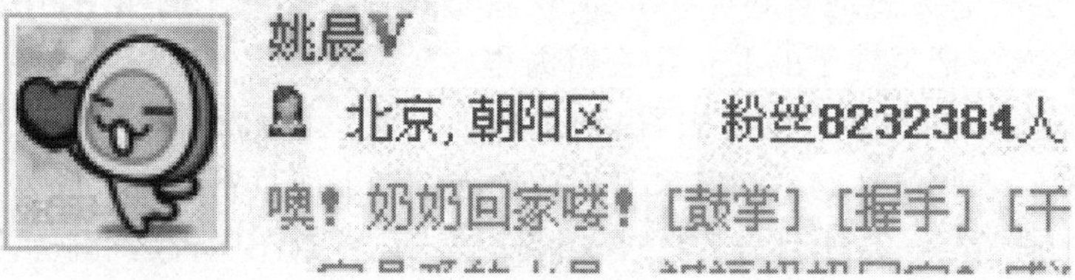

图 8–3　姚晨微博

3. 简单性

微博营销不像传统的广告行业，微博营销发布广告不需要经过复杂的程序，只要在微博的发布栏里，写下广告语，必要的时候插上带有广告的背景图片，就可以一键发布，非常简单，从而背景图广告也随之很方便地得以传播。见图 8–4。

图 8–4　微博发布框中的背景图

4. 广泛性

绝大多数人使用微博会关注自己喜欢的名人，看到喜欢的名人转发的广告肯定会加倍地关注，甚至盲目地追随。

现在微博发展的余热是汹涌澎湃，很多博客都停止了更新，全都转战微博，原因是微博的即时互动性要比博客好很多。因此在博客营销之后，又出现了微博营销这个新名词，现在微博营销也是众多企业所重视的一种方式。目前的微博营销方式只有发文字性的信息，加上网站或产品的链接，让听众进入网站，从而达到营销目的，但是这个方式有一个缺陷，就是可持续性不好，为了给听众较好的收听体验，不可能反复发布同一条信息，一条文字性的信息很快就会沉底。所以微博背景图广告就应运而生。我们可以在图 8–5 的微博认证的页面背景上插上产品的宣传广告，毕竟形象的背景图片远比纯文字的信息更容易抓住受众无意注意的眼球。如果一个产品在微博展开广告宣传时能注意使用背景图广告，那它一定会有持续有效的广告效果，产品就将会更有市场，会拥有更广泛的受众。

图 8-5　微博粉丝

四、背景图广告的价格

受到两会代表一致注目的微博，作为互联网的又一革命性产品，微博背景图的广告价格自然也会相对提高。目前有报道，以微博广告为业务的盈利公司已经出现。该公司维护拥有上网粉丝的微博账号，并以此和商家合作，发布广告，从而达到盈利的目的，让人看到了微博盈利的前景。

广告篇幅有大有小，广告的位置有主有次，广告的价格有高有低。如果是字体的广告，应该按整体广告占的篇幅大小和字数来定价，还要看是在哪个位置。如果是在比较偏的地方，价格会相对低一点。假如是图片广告，就要看它的显眼程度了，就是颜色是否显眼，另外也要考虑占用面积的大小。字体广告和图片广告相比较，图片广告的价格会相对高一点，因为图片广告的效果大体上比字体广告好，人们对图片的记忆会比较深，从而影响大，盈利的机会也大。

五、背景图广告的具体操作

1. 对话框底色

背景图广告的背景一定要设计好，否则不但达不到宣传的效果，还会有损广告商品的形象。首先是对话框的底色，想要突出背景图广告，就得把对话框的底色设置成淡色调的，如白色、淡粉色、淡蓝色等，让人看了很舒服、很清爽。只要把放的广告设计得比对话框底色更深一点，就可以达到引人注目的效果。

图 8-6　对话框的底色

2. 弹出微博网页

弹出的微博网页，就是整个网页的背景图上的广告，这要看广告商的创意和技术了。整个网页的背景图广告比较难掌控，太显眼会把网页搞得很杂乱，太浅显又不能达到宣传的目的，因此背景图广告必须要弄得有组织性，让人一看就明白，并且要在不影响页面内容的基础上突出广告主旨，正确传达信息给用户。如果设计好，就会有很大的效果。

3. 回帖背景图

回帖背景图广告，在微博这个新媒体的平台上，各个微博用户互相交流，几乎每位用户都会用回帖，所以在回帖的框上放背景图广告是不错的商机。回帖上的背景图广告的要求和对话框底色的要求差不多，都要简洁大方，很容易达到宣传的目的。参见图 8-7。

图 8-7　回帖背景图

4. 移动背景图

移动背景图广告，就是在网页上移动的背景图广告，也是引人注目的一种背景图广告，由于是移动的广告，用户看它有一点困难，如果很复杂，大多数人就会不愿看它。首先广告的面积不能太大，广告的内容要少、主旨要清晰、表达要明了。广告会移动到网页的每个角落，用户多少都会注意到它，移动背景图广告有强制吸引人的特点，用户一定会注意到移动的东西。

六、背景图广告需要改善

背景图广告一定要贴近生活。广告商不能只顾自己的利益而不顾消费者的感受，他们应该热心服务受众，视所有受众为上帝。由于如今发布广告越来越便捷，难免有很多欺骗性的广告，使很多人上当受骗，相关部门应该对这种滥发广告的现象严加管理，应对所有广告设立一个门槛，通过官方检验后才可以发布，这样能大大减少那些负面广告。

有的微博背景图广告之所以请名人代言，是看中他们的名人形象，利用名人效应来推广广告。然而不是所有的名人都是为了宣传好产品而代言广告的。有些名人只是为了赚取高额的代言费用，不太会考虑到公众的利益，但很多疯狂的粉丝会盲目地追随他们，因此广告商与名人们不应该只想到自己的利益，要衡量广告商品是否真的符合消费者。

总结以上几种背景图广告，可以得出一个结论，背景图广告越简洁大方越好，不可以太复杂，且表达的主题要清晰、吸引人，还要有足够的创意。背景图广告放在恰当的背景位置，效果才会明显。毕竟，所谓广告，就是可以广而告之的信息，它必须是有益于受众的。

第九节　微博自定义页面

随着经济的迅速发展，人们的生活水平提高了，获取信息的渠道也拓宽了。现在微博更是受到人们的青睐，对于一些商家来说这更是一个很好的平台。微博中提供了很多个性化的设置方案，但一般用户可能都只是简单地选择了平台中提供的模版，其实，微博自定义页面背景就是个人或企业进行品牌宣传的一个不错的广告位。

目前很多企业或者个人都在利用微博进行品牌宣传，但是其中多数只是企业或者个人动态的发布，很少有人利用微博平台中提供的一些个性化设置方案进行宣传推广。

图 9-1 是一张在微博上面截取的关于韦伯兄弟的宣传图片，亮黄的底色和周围白色的底色形成鲜明的对比，刺激了观众的眼球，达到了更好宣传本活动的目的，不要用多余的语言，只是短短的几个字，甚至只是一张图片，就达到了想要得到的结果。

图 9-1　韦伯宣传

图 9-2 是从微博上找到的一则广告。从这个广告图片看来，底色深褐色，和周围的白色形成了鲜明对比。一张简简单单的书包图片，几个字，清清楚楚、明明白白地传达了商家的意思，接下来的就是顾客自己的行动了。

图 9-2　微博互动

这些只是简单的比较初级的微博广告。据了解，巨人网络不久前开始启用公司内部美女当微博代言人，不过截至目前其新浪微博的粉丝也只有 8 097。而且，巨人网络从宣布启用美女当微博代言人起至今一直是同一美女，显然这种宣传效果并不够理想。众所周知，巨人网络旗下游戏绝不缺少精美的游戏宣传图，但并没有在其微博的装饰中发挥作用。参见图 9-3。

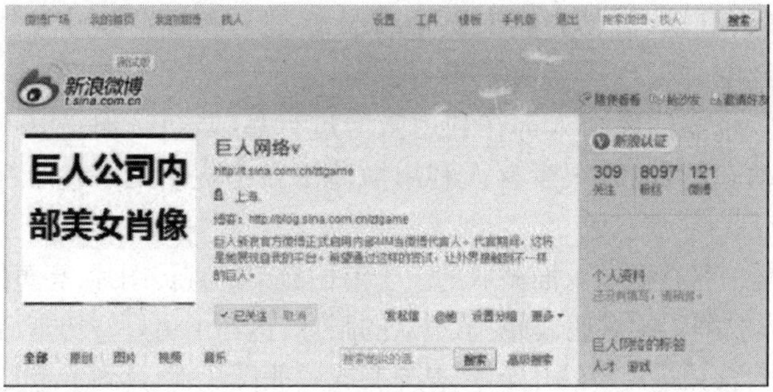

图 9-3　新浪微博

新浪微博顶端曾经显示盛大新推出的电子书 Bambook 的广告。据 TechWeb 推测，可能是利用了微博自定义页面背景设置方案，加入了一张两帧的 Bambook 的 gif 广告图片。见图 9-4。

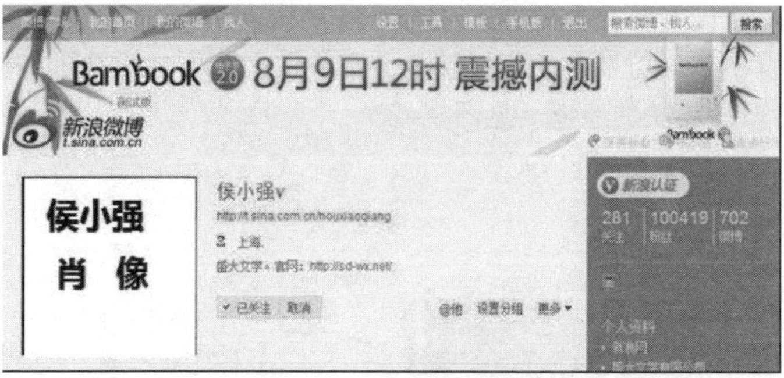

图 9-4　盛大文学 CEO 侯小强新浪微博

侯小强使用的 Bambook 图片显示在微博页面的顶部，又是一张两帧的动态图片，很容易引起别人的注意。侯小强新浪微博的粉丝已超过 10 万，这一效果是不言而喻的。

名人微博代言也是引起关注的不错方法，经过名人示范，企业的信息传播可实现倍数放大，微博上的名人都拥有数十万、上百万的粉丝数量，当他（她）发布信息时，所有的粉丝都会看到这条广告，再经过转发，次级信息会成几何级放大。

如果企业受资金限制，无法聘请名人作微博代言，那也可以用精心编排的话题、诱人的题目等方式引起大众的兴趣。

如何让你的微博页面更加吸引人？如何让你的微博页面天天都不同？除了微博动态效果，微博又出现了微博皮肤。点击微博主页的“换肤”按钮，再选择“自定义皮肤”，即可看到类似于空间设置自定义皮肤的界面，点击“浏览”就可以上传本地图片（注意按照电脑屏幕分辨率修改图片大小）作为微博皮肤哦！不过小有遗憾的是，如果跟空间的自定义皮肤一样可以选择使用相册图片就更加完美了。参见图 9-5

图 9-5　腾讯微博换肤

此外，皮肤设置界面右侧还有页面配色方案，除了既有的24种配色方案之外，还可以自定义导航及右侧超链接的文字颜色。这可是弥补了不能从相册上传照片作为微博皮肤的遗憾。见图9-6。

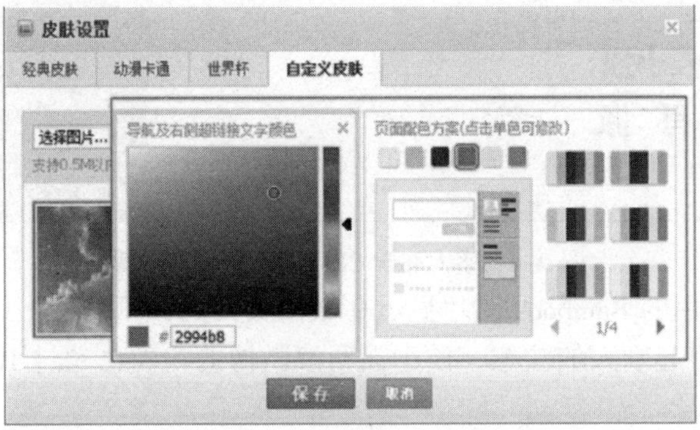

图9-6　皮肤设置

微博作为围观的一股力量，红遍了整个2010年、2011年。在2012年，我们有理由相信，这股力量将会更加实在和强大，而个性皮肤的出现只是一个开始。

在微博上面做广告，好处很多，不仅持续时间长、吸引力强、看的观众多，更重要的是价格便宜。在微博上面做个自定义页面一般只需要50元，参照网页http://www.do-so.cn/。

微博已经从少数人的前卫时尚，变成了众多网民竞相参与的网络潮流。2011年2月25日央视《经济半小时》播出《微博价值》，以下是节目实录：

大家好，欢迎收看《经济半小时》。今天我们来说说微博。这是如今互联网上最火爆的营销平台。特别是在刚刚过去的2010年，微博已经从少数人的前卫时尚，变成了众多网民竞相参与的网络热潮，许多人越来越热衷于通过微博，用短短一百个字，和自己的朋友发发感慨，分享心情。

有个叫山成为的小伙子，作为一个微博草根，他平时也会在微博上发发心情，晒些照片。但是，他最近发现了新的功能。他告诉我们，在很短的时间里，微博也能用来赚钱，他是通过在自己的微博上转发一些小广告来赚取收入的。我是感觉没事就在上面发一条，赚点这个零花钱，也帮人家做了一些广告，这一点我还是感觉比较好的，一次有四五块。

再来看一个例子，来自艾瑞咨询2010年5月的统计：微博服务的月度覆盖人数已经达到8 065万余人，微博的迅猛发展主要来自信息传播方式的独特性，作为个体的人，通常的信息交流是一对一的，而通过微博的传播及转发功能,信息传播量会达到一对多,被更多的人关注,成了微博使用者数量不断上升的最大动力来源，也使在微博上进行营销的企业取得了相当不错的推广和宣传效果。

2010年南非世界杯期间,联想集团与黄建翔联手,通过微博推广旗下的乐phone产品,用户只需要在黄健翔指定的微博后跟帖留言就有机会获得,消息一经发布,引起粉丝和用户对黄健翔微博的疯狂留言和转发,单次信息100余万粉丝查看,最高单次评论超过29 436条,转发超过12 774次,这三项数据都是其产品的营销推广收到的显著效果。

看了这样的信息你会不会有点心动了呢?想不想也在微博上赚钱啊?现在就告诉你一种在微博上做广告的方法。如果你要想亲自做,这里面也为你提供一种方法供你参考,大致方法如下:

(1)选择一张你喜欢的背景图片。

(2)为了品牌宣传最大化,可以在图像上加LOGO和宣传语。

(3)上传背景图片和选择页面背景颜色,接着点保存,就可以收工了。

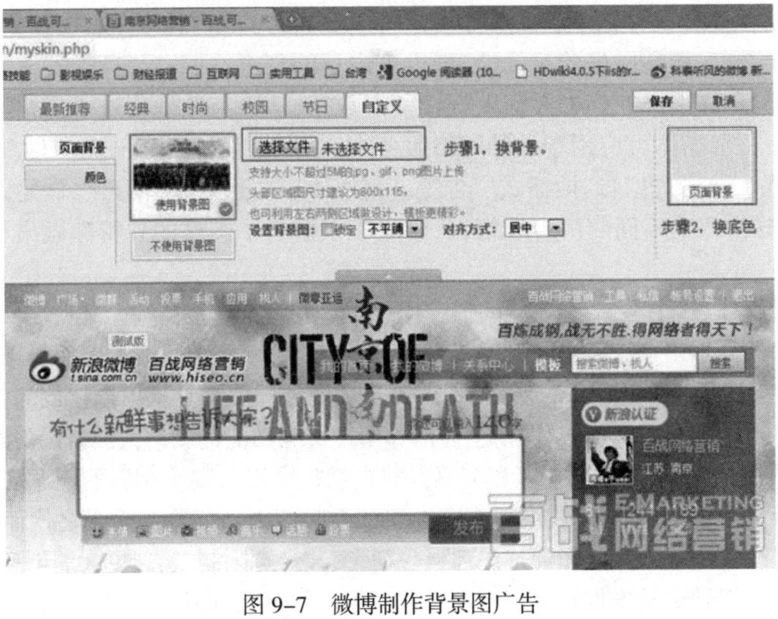

图9-7　微博制作背景图广告

图9-7就是一副典型的微博背景图广告,在画面中隐约出现的“南京南京”的字样,可以让人们联系到陆川的大作《南京南京》这部电影,“life and death”更使人感受到这电影的背景是30万同胞的生灵涂炭,是一出悲剧,是一出残酷的

战争,再看背景图的前景是百战营销,彰显了市场的残酷,不经意间我们感受了网络营销的激烈竞争,感受了市场规律的无情。

在新浪微博的模版中,有一项是自定义,允许用户自行上传符合要求的图片,该图片可作为微博页面头部区域图使用。

随着微博的不断发展,用户数量也在继续激增,微博营销在企业中的影响力将更加巨大。不过,从现在开始,企业需要思考:如何应对那些已经在微博营销中取得成功的企业。

第十节　富媒体广告 + 微博的尝试

富媒体是 Rich Media 的中文翻译,它并不是一种具体的互联网媒体形式,而是指具有动画、声音、视频等交互性的信息传播方法,包含下列常见的形式之一或者几种的组合:流媒体、声音、Flash,以及 Java、Javascript、DHTML 等程序设计语言,提高广告的互动性,提供更广泛的创意空间。最新的网络媒体技术,甚至允许用户在广告界面上直接留下数据,从而有效地促进了用户与广告的交互。富媒体可应用于各种网络服务中,如网站设计、电子邮件、BANNER、BUTTON、弹出式广告、插播式广告等。富媒体广告形式千变万化,满足宣传的不同需要,产生不同的广告效果,从而能够根据各个网站的独特性做出相应的选择。

富媒体,这个在新兴技术下所诞生的新名词,凭借其大容量、交互性,以及它所带来的高点击率、高浏览率、高转化率等优势,短短几年间迅速在业界崛起,引起社会极大反响。富媒体是一种不需要受众安装任何插件就可以播放的整合视频、音频、动画图像,具有双向信息通信和用户交互功能的新一代网络广告解决方案,它的魅力在于提供更丰富和多感官的接触机会以及精美细腻的创意展现,过去窄带广告由于文件 K 数限制使广告创意大师们因巧妇难为无米之炊而烦恼,现在富媒体技术的注入无疑是一剂强心剂,突破带宽限制,实现更大的创意空间,广告信息得到更精准的描述,产生更精彩的体验,实现了用户与广告之间强烈的交互性以及对视觉强烈的震撼及感染力,针对目标受众达到一矢中的的效果。目前富媒体广告已经得到广泛的应用,说明其强大的优势已被社会认可。

富媒体广告目前尚没有统一的行业标准,每个公司都有自己的一套分类方法。大致将其分为以下四大类：

1. 视频类广告

视频类广告即广告中含有视频文件的网络广告形式。视频类广告在用户打开页面时，自页面右下角浮出基本无损伤压缩的原视频内容。同时视频中添加一些互动元素，促使更多的用户观看视频内容。其主要表现形式有标准的视频形式、画中画形式、产品外形形式、焦点视频形式等。

2. 扩展类广告

扩展类广告在现有页面内广告位置上，当鼠标滑过或点击广告后，广告显示面积发生变化的 Flash 文件。扩展类广告能给人深刻的印象。当用户将鼠标滑过或点击广告时，扩展广告即被触发，广告基于原广告位进行扩展，不会离开原广告位。当鼠标移开后，扩展部分自动消失。由于广告由用户主动触发，对用户的干扰性较小。其主要表现形式有下拉扩展、上升扩展、撕页扩展、扩展视频以及自定义扩展等。

3. 浮层类广告

浮层类广告在一定时间内，网页的部分显示区域分层，广告内容在这些分层中显示或播放。当用户打开网页时，浮层广告以不规则动画形式突然出现在网页上，动态的形式很容易吸引人们的注意，并且可以融入与用户的互动，更好地表现广告内容。动画播放完毕后自动消失。有消失型(包含全屏尺寸)、重播型等形式。

4. 其他类广告

其他类广告即非以上形式出现的富媒体广告形式。有地址栏广告、网页背景等表现形式。

富媒体可以寻求避风网络的帮助，避风网络在这行有丰富的经验。富媒体的三大功能利益点，更说明了其在达成活动目标中所起的重要传播作用：

第一，创新性和互动性带动了广告点击率的显著提高。创新是富媒体广告的核心竞争力。在富媒体广告出现之前，一则网页广告大约只有 30K ~ 40K，表现的不过是简单的文字信息或图片。相比之下，富媒体广告所提供的创意空间就大得多，甚至可以达到 2M，表现效果几乎可以和电视相媲美。富媒体广告融视频、音频及互动于一体，将网络广告的形式提升到了一种新境界。据 Double Click 的调查数据显示，富媒体广告的平均点击率是其他广告的 5 倍，越来越多的人逐渐意识到富媒体广告的现实功效，开始利用富媒体制作优秀的广告来娱乐、吸引、教育在线受众，促进产品销售。例如互动通为多普达手机做的广告，强调的互动性就是用户可以进行选择。你认为多普达是一款手机还是电脑？还是电脑手机？你认为它应该价值多少钱？你把你的信息提交。这种形式其实被很多的客户用在新产品上市之前，可以做一个有效地分析和判断，然后结合产品的特性，制定他的产品上线和市场策略。创意上来讲是永远挑战不同的极限，例如 iCool 广告，是互动通为 LANCOME 做的一款，这是从视觉上突破传统网络广告达到的一个极限性。

第二，参与性和可测性有助于品牌建设。丰富的媒介渠道带来丰富的绩效指标，借助富媒体技术，广告主可以获得用户和广告互动时间长短、用户关注广告的程度等信息，最为重要的是还可以了解到品牌偏好度、讯息相关性和购买意向等绩效指标。这些指标对品牌建设至关重要，而旧网络广告除了记录点击率，对这些数据无能为力。

第三，服务性和标准化消除了人们对网络广告的偏见。很多网站也对富媒体广告心存戒备，因为害怕这些广告和网站运行程序相冲突。如今的富媒体广告虽然还不太完善，但是各家公司所采用的技术和模式已基本固定。不断升级的网络技术从受众角度出发，使广告投放更人性化。当你网络繁忙时，它会自动降低或暂停下载速度，不再像过去的广告那样野蛮抢占资源了。

尽管网络广告市场点击率因用户对广告的经验而逐渐改变，但是这并没有影响到广告主对于网络广告的信心。随着对网络广告认知的不断成熟，广告主由过去的追求点击率转为注重品牌形象的曝光度，网络广告的“阅览率”（View-through）成为另外一个比点击率更为受到关注的评估指标。进一步而言，网络广告并不仅仅在点击之后才会产生效果，当网民在观看某个网络广告但并没有发生点击行为时，该广告的曝光与停留时间也许已经让网民产生了品牌印象，并会促使该网民稍后访问广告主的网页，这种行为可以说比单纯的点击行为有更佳的效果。一个人如果能够完整地看完一个 4～5 秒的网络广告，了解到这个广告的大概内容，该网络广告的目的就已经达到。

“阅览率”作为网络广告的重要考察指标，也为富媒体广告形式发展带来了前所未有的发展机遇。来自 DoubleClick 的最新统计显示，到 2004 年第四季度，富媒体广告形式在网络广告中的使用率已经达到了 42.7%。而且，富媒体广告形式广告容量可达 300 K 甚至以上，是普通广告形式的 10 倍，但在创意空间不再受限制，大大增强了网络广告的表现力，提高了网络用户对富媒体广告形式的印象度。

将富媒体的自定义视窗做成活动的对话框，新浪微博上发布的内容在富媒体对话框中实时更新，实现将富媒体自定义视窗转化成一个类似 Minisite 信息发布的板块，对富媒体的使用从概念上进行了一次新尝试。同时在微博中插入不同形式的富媒体广告，既没有造成用户的反感又达到了广告的目的，给用户充分的自由选择空间，变被动为主动接受，效果事半功倍。这样的灵活性是传统广告形式所不具备的。

下面展示一下富媒体广告的一些操作过程。

视频类富媒体广告：点击 cctv 网址，自动连接到视频。见图 10-1。

图 10-1　视频类富媒体广告

扩展类富媒体广告：把鼠标移动到页面的“金征远移民专家集团队”便会出现一个扩展页面，点击即可进入。见图 10-2。

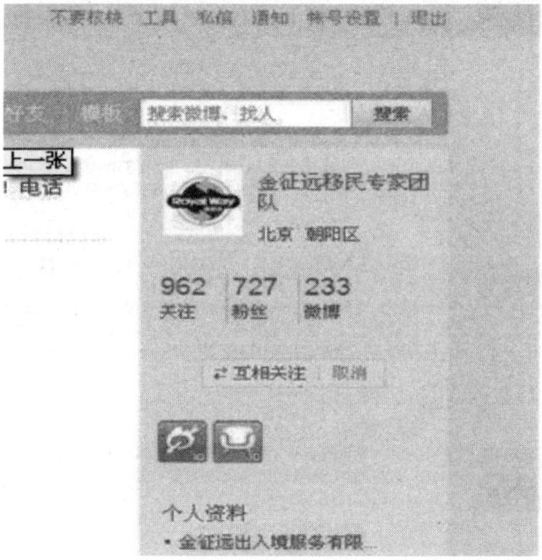

图 10-2　扩展类富媒体广告图示

浮层类富媒体广告：中间的图片便是浮层类广告的一般形式，这类广告能够给网民极大的自由选择空间，网民既可以点击进入，详细了解广告内容，又可以直接点击关闭，不影响正常浏览网页，同时达到宣传的目的。见图 10-3。

图 10-3　浮层类富媒体广告图示

类似 Minisite 的信息发布板块：网页加载后，信息板块就会循环滚动这些信息，也是一种有效的传播形式。见图 10-4。

图 10-4　微博信息发布板块图示

第十一节　Twitter 广告平台对微博的启示

Twitter（中文名“推特”）是国外的一个社交网络及为微博服务的网站。它利用无线网络、有线网络、通信技术，进行即时通讯，是微博的典型应用。它允许用户将自己的最新动态和想法以短信形式发送给手机和个性化网站群，而不仅仅是发送给个人。2006 年，博客技术先驱 blogger.com 创始人 Evan Williams 创建的新兴公司 Obvious 推出了大围脖服务。在最初阶段，这项服务只是用于向好友的手机发送文本信息。2006 年年底，Obvious 对服务进行了升级，用户无需输入自己的手机号码，而可以通过即时信息服务和个性化 Twitter 网站接收和发送信息。

尽管 Twitter 已经推出了三年之久，但却一直因缺乏明显的商业模式而被外界诟病，向商业用户收费是市场经常提及的 Twitter 获取营收的方式之一。Twitter 联合创始人比兹·斯通(Biz Stone)表示：“我们注意到越来越多的公司开始使用 Twitter，并吸引了许多用户。我们将采取措施提高其价值并对商业用户收费，但不会向个人用户收费。”迄今为止，Twitter 已经获得了 2 000 万美元的风险投资，并在最近拒绝了 Face book 的收购。

2010 年 4 月 13 日推出的 Promoted Tweets 平台不一定是能给 Twitter 带来盈利的“终极大招”，但无疑是通往盈利大道的重要尝试，无怪乎 Biz Stone 用了“Hello World ”做为 Promoted Tweets 博客文章的标题。

Promoted Tweets 是什么？长什么样？参见图 11-1。

图 11-1　Promoted Tweets 广告展示

简单地说，图中的广告展示里面有三个角色：广告主——Starbucks、广告平台——PromotedTweets 平台、广告受众——在 Twitter 上搜索“Starbucks”的用户。

广告呈现方式为：在 Twitter Search 中搜索“Starbucks”，图中的广告内容在搜索结果中置顶显示。

根据官方博客及 Adage 的介绍，表 11-1 归纳了一个简单的 Promoted Tweets 广告过程。

表 11-1 Promoted Teweets 广告过程

	Step 1	Step 2	Step 3	Step 4
@Starbucks	向 Twitter提交和指定需要			根据推广效果向 Twitter 支付广告费
Promoted Tweets 平台		审核批准@Starbucks 提交的需求，在相关搜索结果中置顶，标记成 Promoted by Starbucks		跟踪 @Starbucks 提交的需求调查其在用户中的反响，如果无人转载、评论，取消展示。根据广告效果收取 Starbucks 广告费
在 Twitter上搜索“Starbucks”的用户			在 Twitter 上搜“Starbucks”	注意到 / 点击“推广的 Tweet”，或者忽略

Twitter 的 Promoted Tweets 广告平台综合起来有以下几个特点：

（1）收费方式打破传统的商业模式。传统的商业模式里广告费用的支付是在广告投放之前就已经支付，例如平面广告、视频广告，一般广告主在广告还未推广之前就必须向媒体支付广告费用，这样的支付方式使广告主无论广告效果如何都必须支付高额的广告费。如果广告效果不理想，那么广告费的支出就没有意义。而 Twitter的广告平台的收费就不同，Twitter的广告费是根据用户的点击率加以收费，也就是说用户的点击率决定 Twitter的收入。

（2）Twitter的广告采用的管理机制不同，普通平面广告和视频广告只是一味地向大众推广广告并不论大众是否接受，这样的广告是大众所厌烦的，Twitter的广告平台对大众所不乐意接受的、没有回复的广告，会适时取消展示。也就是说接收用户的点击率决定广告是否能在 Twitter 上存在，只有点击率高、大众愿意接受的广告和产品才可以存在。这样极大地提高了用户的自主权。

（3）搜索结果的单一性。在Twitter的广告平台上搜索的结果只会有一个，一般的搜索引擎（例如百度、新浪、搜狐等）在搜索的时候经常出现一些无关的内容，用户在寻找时要花费大量的时间和精力。

（4）Twitter的"自我申明"机制。Promoted Tweet会"自我申明"为广告，鼠标移过时会黄色高亮显示。

（5）Promoted Tweets开始只在Twitter.com显示，将来在合适的时候会在Twitter第三方客户端出现，并与第三方客户端分成。

Twitter是最早的微博网站，也是最早推出广告平台这一概念的网站，这对于其他的网站有很大的启迪。毕竟各大微博网站都在搜寻盈利的方式，Twitter的广告平台无疑为他们找到了方向。

广告的受众包括有意注意者和无意注意者。先解释一下有意注意。有意注意是人所特有的一种心理现象，它是有目的的，具有一定意志努力的注意，在实际的教学中组织好学生的注意是教学成功的一个重要条件。有意注意或随意注意是自觉的、有预定目的的注意。在有意注意时往往需要一定的努力，人要积极主动地去观察某种事物或完成某种任务。例如青年工人在开始学习机床操作的时候，对于操作过程还不熟悉，稍不注意就会出现废品或发生事故，他要集中注意进行操作，特别是在容易发生错误的地方更要密切地注意，甚至要克服一定的困难来使注意指向和集中于当前的工作。有意注意常常服从于活动的任务。人自觉提出的任务，决定着在进行活动的时候要区分对象，以及它们的特点和性质，也就是决定着在这种情况下要注意些什么。人的这种有意集中和保持注意的能力，是在劳动过程中发展起来的。要实现持久与有组织的劳动活动，应把自己的注意有意集中和保持在这些作业上面。一个优秀的工作者，是能始终把自己的注意集中于工作对象上的人。

与之相对应的是无意注意，无意注意是没有预定目的、不需要意志努力的注意。无意注意又称不随意注意，就是我们经常说的不经意。

广告主的广告针对的主要是无意注意者。Twitter的广告平台，针对无意注意者做得非常好。在客户的资源上，Twitter是占有优势的。通过140个字传递信息，每天有成千上万的用户在参与讨论，一条广告只要在一个人的微博里出现，那么关注他的人必定就会关注到这条广告，这样广告主就达到了广告推广的目的。

微博的广告推广平台已经成为势不可挡的趋势，Twitter广告平台更是对中国的微博广告起到了很好的启示作用。

一、利用微博平台进行口碑传播

(1)传统植入广告的视频、小故事、段子等利用人际关系网络快速传播。

(2)企业账号发布新品介绍、抽奖活动等吸引用户关注,达到间接传播营销目的。

(3)企业账号接近用户,解决用户问题,以达到树立品牌形象的目的,DELL在Twitter上就是这么做的。

二、在开放平台上实行分层收费

新浪微博的负责人曹国伟已经表示新浪在尝试推出微博广告平台。但是考虑到用户的权益,一直未敢实行,已经有很多商家试图在新浪平台上推广广告。广告的收费标准,有人揣测新浪实行三七开的方式。对一些有商业目的的应用提供商,按固定时间段或是一次性收取平台服务费,即扮演综合商场的角色,你在我这里放柜台,就要给我保护费,而之前提到的分成模式更像是在我的地盘上经营获利也要给我一定比例的分成。但个人认为,如果向应用提供商收费的话,应用提供商可能更愿意接受分成模式,而不是一次性或节段性的收取服务费模式。

三、微博平台的监督机制

Twitter建立自己的监督机制,对于在微博中不健康的信息、不属实的信息会有自己的排他机制。现在的搜索引擎大都存在这样的问题,搜索出来的信息伴随着不健康信息,还有一些虚假欺诈信息。这样一些不实的信息会误导消费者,给他们带来严重的伤害,更伤害了平台自己的信誉。Twitter平台建立的监督机制很好地避免了这一现象,既保证了消费者的权益,也维护了企业形象。估计新浪也会效仿Twitter的模式,开创中国国内首个微博自主监督机制。

四、微博平台的自主机制

Twitter的广告平台对于不受欢迎、没有回应的Promoted Tweets,会适时取消展示,给予用户最大的权益,因为不是所有的广告都是适应消费者的需求的。有些人或许会喜欢,有些人或许不讨厌但也不喜欢,也有些人会很讨厌。对不同消费者不同的心理,Twitter给予更多自主选择的机会, 这样既不会失去客户,也可以达到预期的经济效益。估计新浪也会效仿此种机制。现阶段新浪的主要目的在于用户的聚集。

第十二节 “微博通”——发送广告一点通

微博,毫无疑问是时下最流行的信息分享、传播平台,140 字记录身边的点点滴滴,并实现即时分享。在微博里,我们可以更新自己的“状态”来表达思想抑或心情;也可以把刚刚经历的好玩的、好看的、好吃的分享给好友。让信息成为朋友之间无比亲近的纽带,也可以为我们的生活带来无限的精彩。更新状态不但可以输入文字,还可以添加图片,让博文更加丰富。而这些我们不必在多个微博上发表,只需在微博通上发表,就可以在其他微博上看见。作为微博达人,也许大多数人有多个微博账户吧,管理起来也是相当繁琐。而名为微博通的微博管理软件,可以让我们随时随地同时管理多个微博账号,目前可以同时管理新浪微博、腾讯微博、Twitter、搜狐微博、网易微博等账号。

一、微博通的背景

随着互联网微博新时代的来临,各大互联网服务提供商为了赶上这新的一班车,不落后于其他竞争对手,各自都重拳出击,推出自己的微博。目前各大服务商都有各自的用户群体,有的是以领域来划分,有的是以日常生活区域来划分,比如有名人微博、技术微博、校友微博、财经微博等。对于一个普通的上网用户,他很可能是一位比较时髦的追星族,也可能是一位技术爱好者,有自己的校友圈,同时也可能是一位久经沙场的股票专家,所以在这种情况下,为了和大家交流,不得不去登录多个微博网站,如果有一个一站式的服务同步管理这些微博,对于用户来讲,会省去很多不必要的时间。

二、关于微博通的介绍

微博通是一款基于 API(Application Programming Interface,应用程序编程接口)的多个微博、SNS(Social Network Software)同步更新工具,通过在该网站界面更新,后台会自动将消息通过 API 推送到每个微博、SNS 网站上去,并可以实时抓取各个微博、SNS 网站最新信息。

API 是一些预先定义的函数, 目的是提供应用程序与开发人员基于某软件或硬件来访问一组例程的能力,而又无需访问源码,或理解内部工作机制的细节。API 除了有“应用程序接口”的意思外,还特指 API 的说明文档,也称为帮助文档。另外,API 也是美国石油协会、空气污染指数、医药、空中位置指示器等的英文简称。

API 分为四种类型:

(1)远程过程调用(RPC):通过运行在共享数据缓存器上的过程(或任务)实现程序之间的通信。

(2)标准查询语言(SQL):是标准的访问数据的查询语言,通过通用数据库实现应用程序之间的数据共享。

(3)文件传输:文件传输通过发送格式化文件实现应用程序之间数据共享。

(4)信息交付:指松耦合或紧耦合应用程序之间的小型格式化信息,通过程序之间的直接通信实现数据共享。

当前应用于 API 的标准包括 ANSI 标准 SQL API。另外还有一些应用于其他类型的标准尚在制定之中。API 可以应用于所有计算机平台和操作系统,这些 API 以不同的格式连接数据。每种数据格式要求以不同的数据命令和参数实现正确的数据通信,但同时也会产生不同类型的错误。因此,除了具备执行数据共享任务所需的知识以外,这些类型的 API 还必须解决很多网络参数问题和可能的差错条件,即每个应用程序都必须清楚自身是否有强大的性能支持程序之间通信。相反由于这种 API 只处理一种信息格式,该情形下的信息交付 API 只提供较小的命令、网络参数以及差错条件子集。正因为如此,交付 API 方式大大降低了系统复杂性,所以当应用程序需要通过多个平台实现数据共享时,采用信息交付 API 类型是比较理想的选择。

SNS:社会性网络软件,依据六度理论,以认识朋友的朋友为基础,扩展自己的人脉,并且无限扩张自己的人脉,在需要的时候,可以随时获取该人脉的帮助。

SNS 是一个采用分布式技术,通俗地说是采用 P2P 技术,构建的下一代基于个人的网络基础软件。SNS 通过分布式软件编程,将现在分散在每个人的设备上的 CPU、硬盘、带宽进行统筹安排,并赋予这些相对服务器来说很渺小的设备更强大的能力。这些能力包括计算速度、通信速度、存储空间。

社会性网络(又称社会网络,Social Networking,SN),是指个人之间的关系网络,这种基于社会网络关系系统思想的网站就是社会性网络网站(SNS 网站)。现在许多 WEB 2.0 网站都属于 SNS 网站,如网络聊天(IM)、交友、视频分享、博客、播客、网络社区、音乐共享等。社会性网络的理论基础源于六度分割理论

(Six Degrees of Separation)和150法则(Rule Of 150)。另外,不仅现在一些大公司网站开始了一些SNS应用，一些垂直领域的行业站点也开始了SNS的尝试,并且效果不错,如以华人视觉艺术家为目标用户群体的蜂巢网、以情感与音乐为主的漂泊一族、基于Manyou开放平台的社交游戏推广平台以及面向文化创意人群的创意人等。

三、微博通的主要功能

支持的社会化服务包括:对新浪微博、腾讯微博、搜狐微博、网易微博、人人、开心、Twitter等,可以选择进行绑定账号等设置:

(1)支持用新浪微博、腾讯微博、搜狐微博、网易微博帐号直接登录。

(2)可以同时发布信息到一个或者多个绑定的账号中。

(3)可以在一个界面方便地在不同社会化服务中切换,也可以统一查看回复消息。

(4)提供统一的搜索功能,可以搜索消息或者人。

(5)提供电脑桌面客户端:微博通 Air版和手机客户端(S60 V3)。

图12-1　可以与微博通绑定的微博

四、微博通的特点

与一般微博不同的是,微博通的140字符框下不仅有“发布”键,还有“选择性发布”键,用户可以选择发布到指定的微博。

与Twitter等产品一样，微博通的发布信息底部会显示信息发布的来源,比如“通过网站”、“通过API”。

五、如何使用微博通

用户注册成功后,点击右侧任何微博及 SNS 产品的图标之后,会出现弹窗,要求用户键入该产品的账号名和密码,经过此身份验证后,该微博产品的标志和帐户名会出现在“您已经添加的账号”中。

用户在添加相关 SNS 产品之后,在“您已经添加的账号”中点击相关选项,会出现该用户订阅的该微博信息内容。

微博通目前支持的微博包括国内大部分微博产品和国外主流微博产品,支持的国内微博和 SNS 产品有人人网、新浪微博、开心网、腾讯网、豆瓣网等,支持的国外微博有 Twitter、Plurk 等,目前支持的即时通讯工具为 Gtalk。

在信息框中键入内容并发布之后,界面框顶部会显示“该条状态已经被成功同步到”用户所订阅的微博和 SNS 产品。

微博通是一站式社交化网络管理服务,可以同时绑定多个微博,一次更新便可以将消息同步发送到多个社交网络平台，是一款社会化聚合和分享的工具。通过微博通,可以方便地管理 21 个社交网站的内容(18 个微博服务和 3 个 SNS 服务)。

微博通与新浪微博,腾讯微博,网易微博的绑定情形,参见图 12-2。

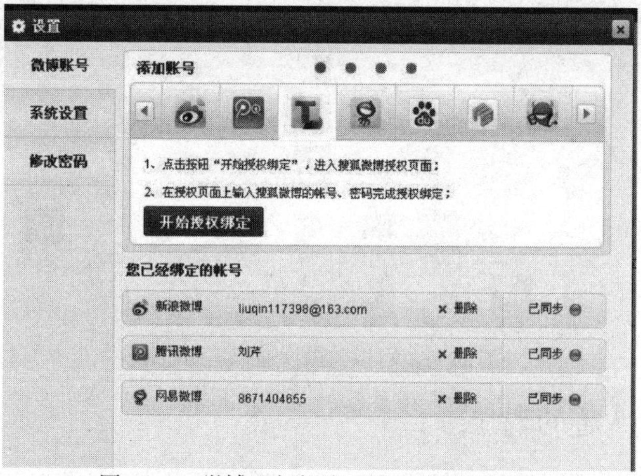

图 12-2 微博通与新浪、腾讯、网易的绑定

在微博通发送广告，在其他绑定的微博上也可以看到。参见图 12-3、图 12-4。

图 12-3　在微博通上发布消息

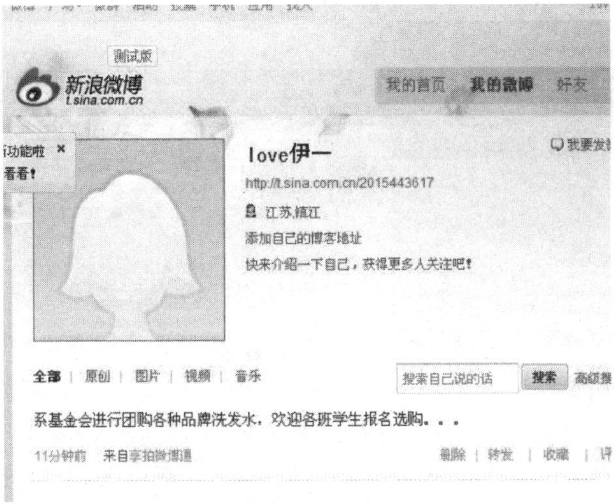

图 12-4　在新浪微博上收到相同消息

六、微博通给企业带来的影响

【案例】

华为技术有限公司是一家总部位于中国广东深圳市的生产销售电信设备的员工持股的民营科技公司，于 1987 年成立于中国深圳，是电信网络解决方案供应商。华为的主要营业范围是交换类、传输类、无线类和数据通信类电信产品，在电信领域为世界各地的客户提供网络设备、服务和解决方案。

华为是全球领先的电信解决方案供应商。华为技术有限公司的业务涵盖了移动、宽带、IP、电信增值业务和终端等领域，致力于提供全 IP 融合解决方案，使最终用户在任何时间、任何地点都可以通过任何终端享受一致的通信体验，丰富人们的沟通与生活。目前，华为的产品和解决方案已经应用于全球100 多个国家，服务全球运营商 50 强中的 45 家及全球 1/3 的人口。

2011年5月27日华为企业业务官方微博发布:“近期部分童鞋通过私信方式询问华为企业招聘岗位。转发前期围脖,欢迎加入华为企业。各地招聘时间,请与联系人确认。据本小编获悉,本周六深圳就有招聘专场。华为企业业务全球招聘火热进行中,诚邀英才共创未来!专场招聘会:4-16:武汉,4-23:广州,5-14:成都,5-28:西安,6-11:北京,6-18:大连,6-25:上海。简历接收:tangqinxiu@huawei.com。招聘职位:客户经理、渠道经理、产品经理、客户支持经理(技术服务)、品牌经理、商务经理、渠道认证经理、培训运营经理。”

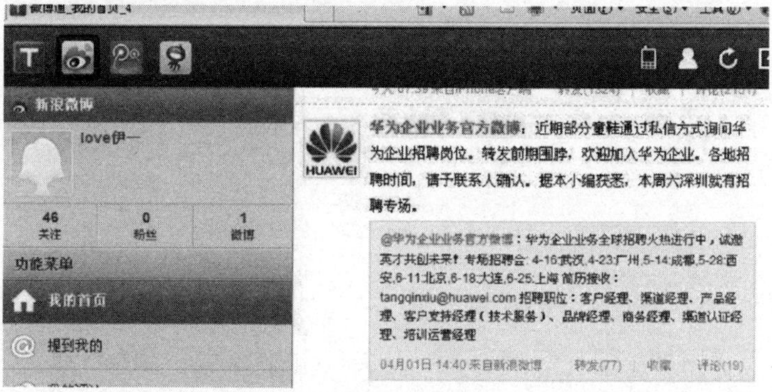

图12-5 华为企业业务官方微博在微博通上发布的人事招聘广告

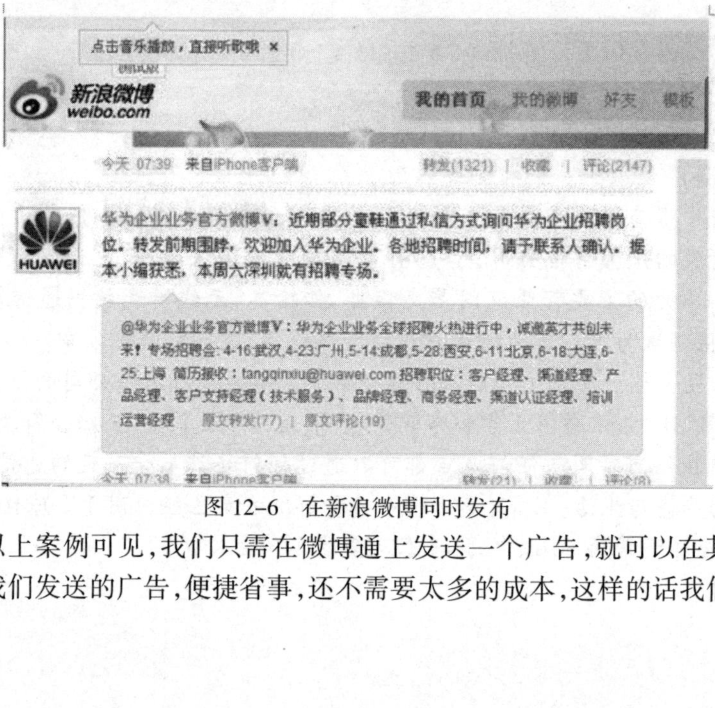

图12-6 在新浪微博同时发布

从以上案例可见,我们只需在微博通上发送一个广告,就可以在其他微博上看到我们发送的广告,便捷省事,还不需要太多的成本,这样的话我们可以省下可观的一笔钱。像华为这样的大公司都通过微博通来对自己的企业进行宣传，通过微博通进行人事招聘，这样既简单省事，还能招到更多的人才。它通过微博通来发布消息，不用再麻烦地在其他微博上一个一个发布，只要把其他微博与微博通绑定，就可以一键发布消息。

微博通，一键搞定状态更新，发送广告一点通。微博通给我们的生活带来了极大的便利。

第四章 微博广告的获利之道

第一节 广告配售路：国内微博发展途径

微博有什么了不起？140个字，能玩出个什么天地乾坤来？其实不然！我们先来算一笔账：若以央视每秒广告5万元计算，在央视投放一个5秒的广告，一天要花费25万元，一个月则要750万元；一年365天，总共要9 125万元。而在微博上发发言，本身的成本为零！

一、微博近年来的影响力

图1-1显示，微博已呈现汹涌之势。相关数据表明，截至2010年年底，国内微博的独立用户估计为6 500万。其中，行业老大新浪微博上的注册用户数已经超过5 000万，平均每天发布的微博内容超过2 500万条。艾瑞咨询通过对iUserTracker监测数据研究发现，在SNS类网站中，微博服务月度有效浏览时间占比从2010年3月的1.5%上升到11月的10.0%，实际月度有效浏览时间从760万小时上升至7 700万小时，增长超过10倍。

随着微博的兴起和走红，这个被称为"最优秀的病毒营销阵地"的新平台，逐渐被商家所关注，并被开始尝试进行营销应用，越来越多的企业加入了"织围脖"的阵营中。因此，企业正确运用微博进行成功的营销成了一个重要的生存途径。

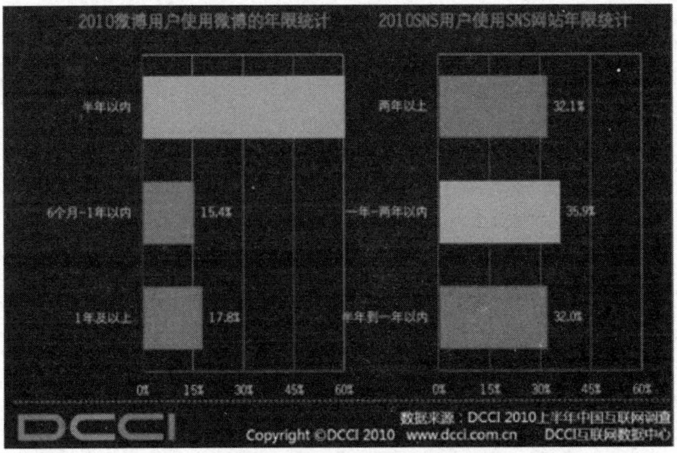

图 1–1　2010 年微博用户变化趋势

二、企业创建自己的微博来进行营销

获取微博账号认证：企业微博账号、企业领袖微博账号、专家微博账号要首先获得认证，有利于形成较权威的良好形象，微博信息可被外部搜索引擎收录，更易于传播；不利之处在于信息的审核可能会更严格。

发布精彩内容：企业微博的内容信息必须是有价值、多样化、图文并茂的多媒体信息，有较好的客户浏览体验；同时，微博内容尽量包含适合的话题或标签，以利于微博搜索。

微博内容更新：企业微博应每日有规律地更新信息，每天十条信息左右，不能在短时间内集中发帖。

标签设置：合理设置标签，微博会推荐有共同标签或共同兴趣的人加关注。

实时沟通和互动：主动进行用户互动，主动搜索行业相关话题，积极参与微博内容转发和评论。定期举办有奖活动，以资鼓励，促使粉丝快速增长，增加其忠诚度。

获取高质量的微博粉丝：关注行业名人或知名机构，发布主题专一的内容（最好附带关键字，以利于高质量用户搜索到），提高企业曝光率，广交朋友，提高企业微博粉丝的转发率和评论率。

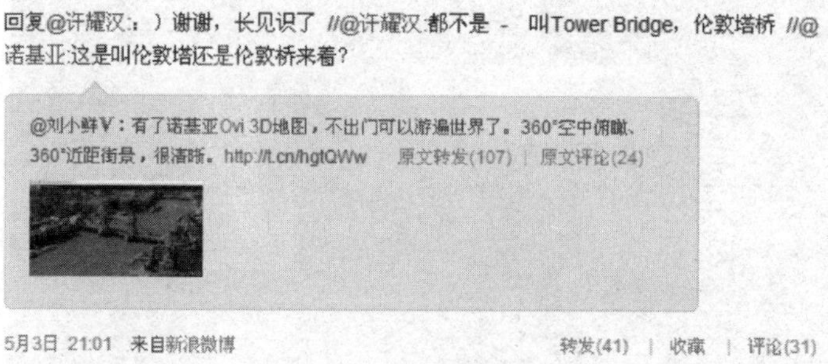

图 1-2 诺基亚公司通过微博与粉丝进行互动

三、企业通过转播或评论微博来进行营销

2011 年，微博成为各个商家"兵家必争之地"。对汽车行业而言，坐拥 1.6 亿用户的腾讯微博成为众车企亟待开辟的"战场"。在刚刚结束的上海车展上，东风标致、长安汽车、比亚迪、华晨、长安铃木、上汽 MG 等车企展台纷纷联合腾讯汽车推出了微博上墙展示。"与其被微博营销，不如营销微博"成了汽车企业的共识。

"选择腾讯微博做上海车展上墙展示以及线上互动营销，我们不仅仅看中其平台用户及潜在购车用户的总数量，更重要的是这一合作为我们线上与用户互动提供了更多的精彩与可能。"一位参展车企营销负责人这样评价道。与以往的刻板复制不同的是，本次车展上与腾讯汽车深度合作的 14 家厂商纷纷开动脑筋，开展了别出心裁的定制化活动。潜心的研究、投入终究换回骄人的成绩。上海车展期间，几乎所有合作厂商的官方微博听众数都有大幅增长，其中华晨官方微博的支持者已逾 80 万，奇瑞的听众数更是翻了 130 多倍！

上汽 MG 的互动话题"腾讯汽车宝贝看车团"可谓本届车展的一大亮点。50 名汽车宝贝穿梭于车展大厅对车展进行实时的微博报道，相关信息通过随处可见的"微博墙"大屏幕实时滚动。活动当日，上汽 MG 展台引爆 E1 展馆——闻声而至的人群川流不息，随时有用户或媒体记者掏出手机迅速拍照上传微博。与此同时，"腾讯汽车宝贝看车团" 也成了当日的微博热议话题——有超过 5 000 多条广播在谈论此次活动，"评论"、"转播"的速度以秒为单位不断被刷新。上海车展期间，上汽 MG 微博犹如一只插入沸水的温度计，听众数量急速攀升，车展结束时，听众数已接近 10 万！

现如今，微博营销的"微"力已经势不可挡，微博已成为企业数字营销方案中不可或缺的组成部分之一。然而，金矿里能否掘出真金，还有待每个车企去不断探索。腾讯网常务副总编辑李方曾指出，企业在微营销过程中一定要坚持四个原则：首先是要真实表达，其次是要与用户形成有效互动，再次是准确找到属于自己的用户，最后微博营销要有娱乐导向。在 WEB 2.0 技术促动变革随时发生的当下，在这样一个各行各业都开展“微营销”的时代，新时代的“汽车人”躬逢其盛。在 2011 年腾讯上海车展上，腾讯微博用其雄厚的实力向广大汽车企业与汽车爱好者们展示出汽车领域的惊人“微”力。一个崭新的汽车营销“微”时代正加速袭来。

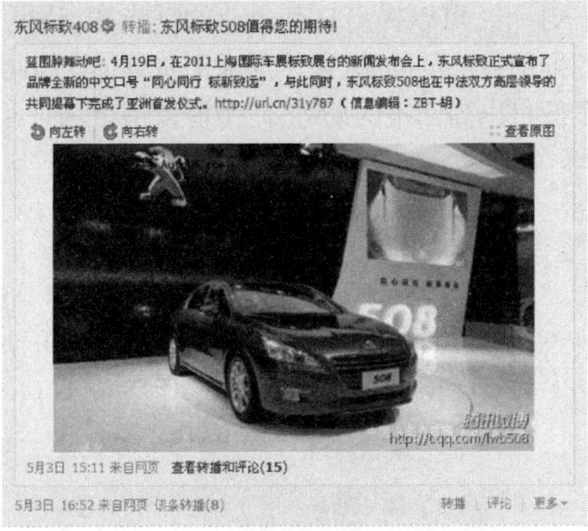

图 1–3　东风标致在腾讯微博

图 1–4　比亚迪在腾讯微博

四、企业通过高人气微博植入广告来进行营销

在全民微博的时代,网民们除了在微博上晒自己的所看所想,还热衷转发别人微博上有趣的帖子。“冷笑话精选”、“精彩语录”、“星座密语”等新浪微博草根粉丝榜上排名前十的账号,每发一条微博,就会被其他微博用户转发数次。还有如姚晨、大S、蔡康永、李开复等明星的微博也是粉丝众多,他们的每条微博几乎有上百万的浏览次数,这样庞大的潜在消费者以及巨大影响力着实对企业有着巨大的诱惑力。因此,陆续有很多企业开始与微博热门榜靠前的微博主合作,这些企业在风云博主的微博里植入广告,可以提高自己企业的曝光率,让更多博友认识到自己的品牌,以易于他们推销自己的品牌,便于形成消费群体。如此之多的关注度和相对低的成本,促成了低付出高回报的局势,使微博营销市场日益火热。

图 1–5　李小璐为 H2O 化妆品代言并在自己微博里为其做宣传

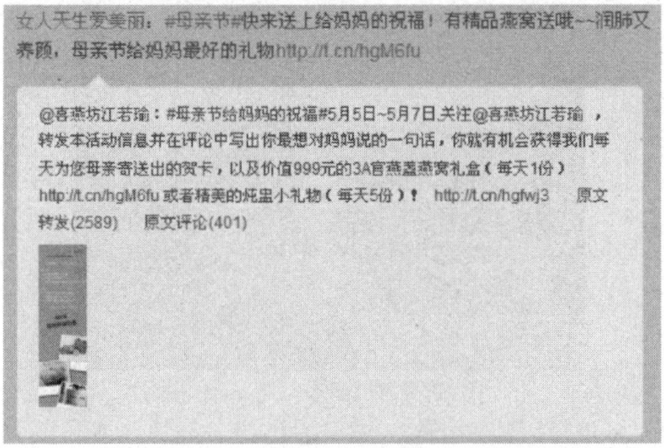

图 1–6　高人气微博为喜燕坊牌燕窝做广告

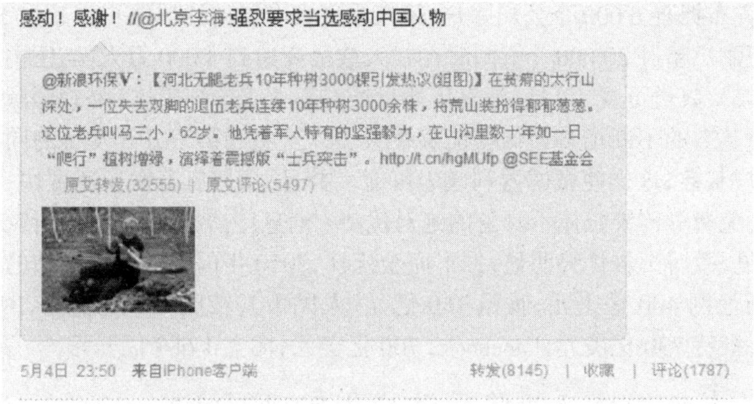

图 1-7　SEE 基金会通过“微博女王”姚晨的微博做广告

第二节　微博产业的盈利模式

一、微博的收入来源

对于备受关注的微博，新浪 CEO 曹国伟表示，微博潜在的主要收入来源依然是广告，且不排除模仿新浪博客与博主分享广告收入的模式。目前，有 35%的微博流量来自手机。

2010 年 5 月 18 日新浪公布的第一季度财报显示，公司一季度净营收 8 500 万美元，同比增长 15.2%，环比减少 13.4%；净利润为 2 440 万美元，同比增长 149.8%，环比减少 93.46%。环比减少是由于新浪在新浪乐居分拆上市中获得一次性的账面利润，2009 年第四季度净利润达 3.721 亿美元。据尼尔森公司数据显示，2009 年 4 月份，Twitter美国用户达 1 700 万，全球用户达 2 400 万，与去年相比增长了 10 倍，而到 10 月份，其用户已经达到了 5 000 万，在短短的 4 个月内又增长了一倍多。

二、利用微博打广告的原因

微博被誉为第六大媒体，据新浪微博统计，2010 年中国微博市场注册用户数量达到 7 500 万个，增长速度创下中国互联网应用发展之最。新浪 2010 年第二季度宣布拥有 6 000 个公司账户，第三季度宣布微博注册账户数超过 5000 万个，认证账户超过 20 000 个。同时在线人数最高达到 4 000 万人（与国内门户网站作比较），数量可观。可见，消息传播量绝对不亚于传统媒体。易观国际研究认为，用户基数的不断增多使微博能够在吸引广告主和第三方开发者的同时继续增大用户基数，这也使微博盈利成为可能。并且，微博有着发布速度快、操作方便、完全免费等传统媒体不具备的绝对优势。消息传播量绝对不亚于传统媒体。由此可见，微博广告优势明显，据不完全统计，2010 年国内外各大网站的年广告收入：新浪网 400 亿美元，腾讯 160 亿元（人民币），雅虎 120 亿美元，网易 220 亿美元，推特 730 亿美元，Facebook2 700 亿美元，淘宝 1 689 亿美元。

三、未来微博产业将通过广告实现创收

易观国际研究认为，用户基数的不断增多使微博能够在吸引广告主和第三方开发者的同时继续增大用户基数，这也使微博盈利成为可能。2012 年，微博产业有望通过两种途径实现盈利。

第一，用户基数与广告主双向吸引使微博盈利成为可能。随着用户基数的不断增多，微博产业的价值不断增大，使广告主、第三方厂商等看到了微博市场蕴涵的商机。

第二，营销和开放平台成为微博实现盈利的途径。在营销方面，微博自媒体的特性决定了其互动性强，就实力厂商而言，互动营销能够为厂商在品牌和形象的构建上提供良好的环境，而营销效果的反馈也成为吸引广告主的因素之一；就中小企业而言，自助广告投放平台能够降低广告主的营销成本，帮助广告主低成本、高效率地实现营销过程。在开放平台方面，微博厂商为第三方开发者提供基础服务，其中包括用户数据分享、支付渠道搭建等，能够吸引娱乐、商务、虚拟物品等不同类别的第三方应用进入平台，从而实现用户的维系与吸引，并帮助微博厂商实现收入的增长。

在营销与开放平台的发展过程中，营销活动见效较快，特别是广告方面，能够为微博厂商带来快速的收入回报；相对而言，开放平台从策略的提出到整体体系搭建完成并形成规模的时间较长。基于此，广告模式已助微博市场在 2011 年实现了创收。

四、微博广告收费标准

微博广告的种类多种多样，有商业广告、电视广告、媒体广告、广播广告、

pop 广告等等。每种广告的收费标准不相同,效果也不同。以新浪微博为例,一个以广告为盈利模式的,新浪微博,其广告应越来越多,也不断地创新广告的模式,给人们带来便捷和快乐的同时也获得了收益。新浪微博广告的收费标准会因为位置或大小等不同而不同。

图 2-1　首页顶部四轮播通栏

图 2-2　首页顶部四轮播通栏

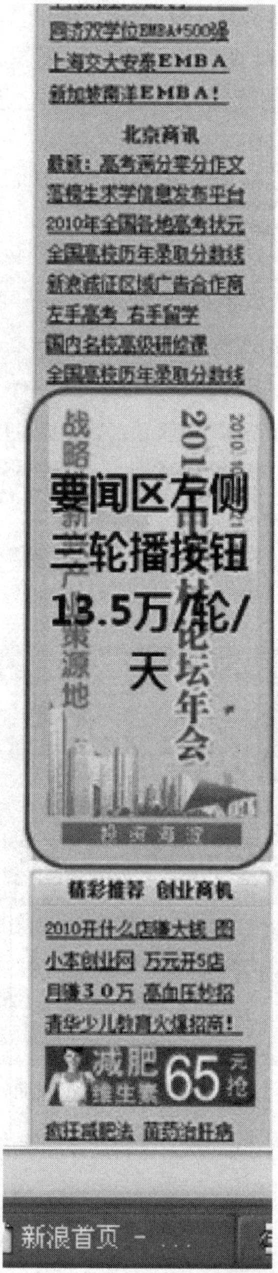

图 2–3　要闻区左侧三轮播按钮

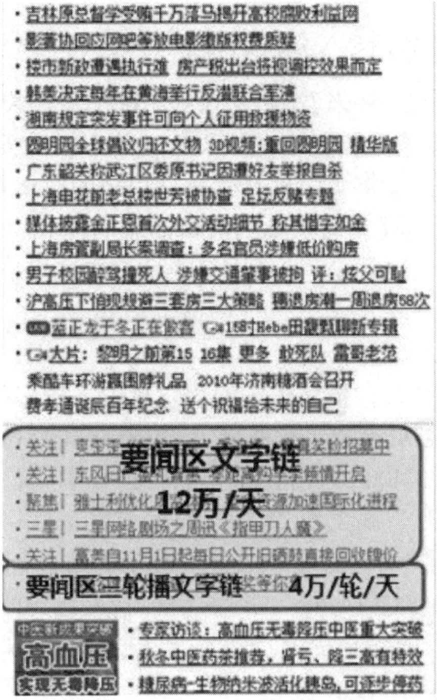

图 2–4　要闻区文字链

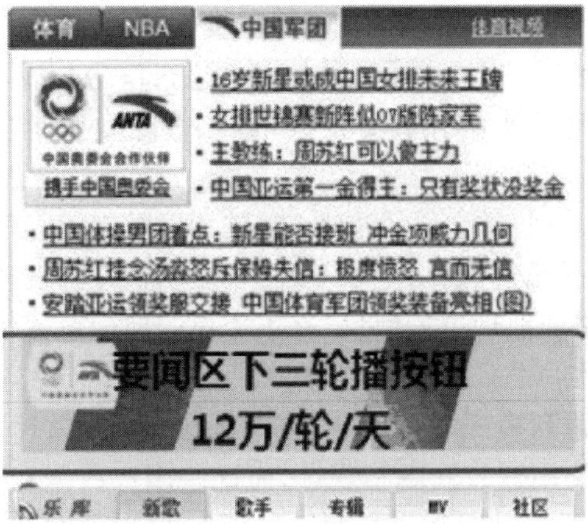

图 2–5　要闻区下三轮播按钮

五、微博的可能收入流预测

从微博的目前发展态势来看,尚未找到明确的盈利模式,目前仍处于跑马圈地的时期。也有人认为微博是个花钱买吆喝的不赚钱买卖,但是从网络媒体的发展实践来看,凡是能够吸引到足够数量用户的媒体都能够取得成功。因此,我们坚信,虽然微博现在尚未找到清晰的盈利模式,但是当其圈到足够数量的用户和读者的时候也就是其盈利的时候了。在这里,对微博可能的收入流预测如下:

1. 品牌广告的收入

微博通过建立大平台,依靠较多的用户量带来较多的点击率,可以吸引品牌广告的投放。据尼尔森公司数据显示,2009 年 4 月份,Twitter 美国用户达 1 700 万,全球用户达 2 400 万,与去年相比增长了 10 倍。而到 10 月份,其用户已经达到了 5 000 万。截止到 2009 年 6 月,Twitter 服务为戴尔带来了超过 300 万美元的收入,消费者通过 Twitter进入戴尔网站进行购买。尤其是在过去的半年内,戴尔公司通过 Twitter 获得的销售收入达 100 万美元。但是社交网站有低广告响应率的特点,因此广告客户也会慎重考虑在像微博这样的社交网站新开的论坛上发广告。

2. 和其他网站进行收入分成

微博可以利用自身庞大的用户群,建立类似于搜索等方面的工具,把大量的用户群转移到其他网站上,进而和其他网站进行广告分成。据相关消息,谷歌和微软为了能让各自的搜索引擎收录 Twitter用户的微型博客消息(即 Tweet),共向 Twitter 支付了 2 500 万美元,据了解 Twitter 财务状况的人士透露,这足以让该公司在 2009 年是小幅盈利。而对于谷歌和微软来说,真正的回报可能将通过 Tweet 与"本地产品信息"的绑定来实现。Twitter 正在开发软件,使用户可以在每条 Tweet 中自动添加地理位置信息。有了用户的地理位置信息,微软和谷歌就可以出售更多的精准广告,并提供更有效的搜索结果。

3. 用户数据库盈利模式

在微博中众多的用户公开隐私观点,而这些用户数据和信息数据都值得深层次的挖掘,因此,可以对想利用微博进行营销的公司提供有价值的数据和信息,让营销者可以批量跟踪这些用户数据。

4. 对企业用户进行收费

Twitter 已决定于 2010 年年底前针对企业用户推出收费账户服务,企业用户可借此获得流量分析工具等服务，从而能够在 Twitter 上发展更多潜在客户。

5. 运营分成

随着 3G 的正式商用，移动媒体将迎来快速发展期，而微博天生就具有完全和移动介质良好融合的特点，这样就可以和移动运营商进行流量和短信的分成。

6. 增值业务

一是深层次信息开发，即向高端用户提供多样化和个性化的信息。二是对于大多数人提供最简单的服务，而对于愿意付费的用户增加新的服务功能。三是增加一些道具售卖的服务功能，提供如 QQ 秀这样的增值服务，开心网也在进行这方面的探索。四是本地信息服务、预订服务等类似的增值业务。

第三节　微博广告的成功案例

一、今天你微博了吗

说到微博，相信大家已经是耳熟能详了。腾讯微博、新浪微博……微博是一种互动及传播性极快的工具，传播速度甚至比媒体还要快。微博即“微型博客(micro-bloging)”，是一种非正式的迷你型博客，它是一种可以即时发布消息的类似博客的系统。据权威机构统计，2010 年年底，中国互联网微博总计活跃注册账户数已有 6 500 万个，2011 年有 1 亿，2013 年国内微博市场将进入成熟期。毫无疑问，微博会变成未来商战的又一关键战地。回望过去，距 2006 年 Twitter 现身美国已有 6 年，但在中国，微博真正进入人们的生活才不过 2 年多的时间。

微博是个很好的平台，不少商家选择在微博上做广告，从而来获得他们各自所需的利益。微博营销是刚刚推出的一个网络营销方式，因为随着微博的火热，即催生了有关的营销方式，就是微博营销。微博适应了用户互动交流的需求，顺应了信息传播方式大变革的趋势。作为互联网的一种最新应用模式，它的高度开放性，介于互联网与移动网之间，无论在何时何地，用户都能及时发布消息。那么，国内外中小企业在微博上有哪些成功的案例呢？以下是微博的几个成功案例。

二、微博广告成功案例五则

【案例 1】

著名的电脑品牌戴尔就是在 Twitter上营销自己。@DellOutlet 在 Twitter上拥有超过 150 万名追随者。来自戴尔的数据称,通过 Twitter,该公司已经直接创造了近 700 万美元的营业额。戴尔在微博上要达到的目标是双重的:既要使品牌得以推广,又要使公司形象更具人性化。从传统的网上卖场、打折信息、售后服务、新产品发布到头脑风暴改进产品、创意交流,信息按不同地区和功能以不同账户发布,瞄准每个细分的消费群体。“不要把社会化媒体视为一个直接营销工具。你一旦开始向别人推销,大部分人就会立即切断与你的对话。”戴尔电脑 CEO 迈克尔·戴尔如是说。戴尔负责社会化媒体和社区部门的全球副总裁马尼什·梅赫塔在接受媒体采访时说:“戴尔最初只是想知道并关注客户在说什么,没想到获得了这么多用户的关注和销售业务。我们认为,戴尔在 Twitter 上最大的收获,是和客户之间建立紧密、直接的关系。”

【案例 2】

美国百思买公司是全球最大的零售企业,每年圣诞节都会有大型促销活动,这些促销活动的信息以前都是靠广告通知消费者的。为了聚拢 2009 年圣诞节购物潮的人气,百思买打出 Twitter的大旗,组织了 2500 名员工上 Twitter发送产品促销信息。结果 2009 年圣诞节,百思买获得了比任何一年都要好的促销效果。百思买 2500 名员工的微博团队,是由百思买公司最热情的、最有产品知识的员工组成的,他们来自门市店,或者来自公司总部。他们通过 Twitter的电脑屏幕,回答客户对产品的各种疑问,解决技术难题和客户售后服务。百思买也利用 Twitter上成千上万客户的反馈,及时更改和制定各种促销政策。在百思买的 Twitter账号上,有密密麻麻的百思买在线员工的照片,任何一个客户都可以随意点击其中一个百思买员工的 Twitter账户,要求给予回复。这些回复完整地公布在网站上,有个性的回复会得到客户的赞扬,并且引发互动。公司负责人说,用户可以 24 小时与我们的员工交流。在感恩节周末最紧张的销售中,公司员工在 Twitter上依然回答了客户 2.5 万个问题。

【案例 3】

诺基亚首款运载 Symbian3 系统的手机——诺基亚 N8 在 2010 年 8 月 25 日前决定使用全新微博直播的形式线上宣布。8 月 25 号 10 点 30分,诺基亚联手新浪微博、每人网、开心网和优酷网的全社会交际网络宣布会开幕。直播会当天，新浪微博首页推出诺基亚N8手机“微博宣布会”，70分钟内即收到微博述评、转发89 034条，诺基亚新浪微博首页关切人次到了49 277，被业内称作品牌推广的又一成功案件。

【案例4】

知名服装B2C企业VANCL(凡客诚品)最早试水微博营销，通过新浪微博建立VANCL官方微博客“VANCL粉丝团”，人气很旺盛，每条微博客都会引来粉丝的大量关注。VANCL (凡客诚品) 连续推出一系列活动：1元秒杀原价888元服装，网购豪礼相送，邀请姚晨、徐静蕾等名人互动吸引用户，成为第一家赞助新浪微博实物围脖(新浪微博昵称即“围脖”)的企业微博客，其新媒体嗅觉和营销意识已成为有口皆碑的经典营销案例。据了解，在开博一个月时间里粉丝狂增近4 000人。推出1元秒杀原价888元衣服的抢购活动来刺激粉丝神经时，在微博里中小企业的差异化品牌推广引起另类关注。微博成了企业与用户零距离沟通的有效工具，凡客诚品成为最先使用微博客营销的中国企业之一，被业界资深评论家誉为最好的企业微博。当地产大佬任志强取下眼镜，用眼镜腿一字一字地写微博时，SOHO的潘石屹在微博上嘲笑其得了“微博症”，也让许多人发现，微博就在身边；当“凡客体”走红微博的时候，人们对企业在微博领域的营销才有了更深层次的体会和领悟。2010年7月以来，“爱……， 不爱……，是……，不是……，我是……”这种采用80后的口吻调侃社会的另类手法招致众多网友围观，并掀起了热潮。微博上，网友竞相上传和转发各种不同版本的“凡客体”，已有数万条相关信息。网友调侃道：“在‘凡客体’世界，只有想不到，没有看不到。”

【案例5】

大家对肯德基一定不陌生吧， 那你知不知道肯德基开了一个微博茶馆，这也是成功案例之一。2010年，肯德基在中国市场，首次推出豆浆、油条产品。策划方借助“肯德基卖豆浆”之热点事件，清晰地分阶段炒作，辅以推广资源推送，并全程口碑营销配合。活动预热期(约一周时间)：预热传统小吃概念，发布粮票；活动期(约七周时间)：先是活动官网启动，与官博对接，而后在传播上围绕“豆浆：回归传统向传统致敬”、“霜糖油条：创新传统向传统致敬”、“世博：中国传统精粹走向世界”三个概念进行推广。此次活动的亮点在于种子粉丝的运用，在预热期和活动中，推广方面除了站内推送，以及常见口碑传播外，还积极引入相当数量的种子粉丝。口碑传播的初始端在于设置系列的话题引导，例如对小时候粮票的回忆，而种子粉丝的作用则在于通过大范围的主动介入，极大增进二次传播,并可根据种子粉丝所处的人群特征,方便地引导传播方向,更有效快捷地抵达目标传播人群。

三、思考与启迪

不管是戴尔还是肯德基,都已经成为微博广告成功的经典案例。也许大家对以上的案例有点不太熟悉,那么,我们就来了解一下众所周知的新浪微博又是如何受到大家的青睐的,因为在众多微博当中,很多人都选择了新浪。可以这么说,新浪微博为商家们提供了一个极好的平台。2010 年 8 月 28 日,新浪微博一周年。这一天,一场"微博快跑"活动绕城举办:十辆造型各异的 MINI 微博车队,载着独特的风格赠礼和 8 名网上征集的微博用户,从中关村动身,穿过北京的大街小巷,途经五路口、鸟巢、朝阳公园、天坛、西单、南鼓锣巷等北京地标性场所,将微博"任何时间随地分享"的口号传向每一个路人。"微博快跑"是新浪为庆贺新浪微博一周年而组织的团体活动,是国内微博产品首次大规模从线上延伸到线下,充分利用微博创新的独特的地方,大胆打破常理的活动标准样式,以活动造事情,让博友自个儿发明内部实质意义并帮忙广泛散布。从 8 月 20 日着手,"微博快跑"官方微博 ID 设立,经过话题商议、悬念设置、投票 PK、礼物激发鼓励等为活动预热。活动当天,车队每到一站都会发动车内、在场和线上的网友施行相互作用,共产生 30 000 多条微博,导致各大电视台高度重视和报导。活动终了后第三天,百度搜索"微博快跑"取得 71 万条微博。经过裂变式的广泛散布,"微博快跑"的信息刹那间传达到更多的网民,用户品牌好感度、忠诚度大幅提高。从某种意义上来说,这不仅是一场成功的庆生秀,更是新浪微博进展的新起点。

很多中国微博先驱者先后进行了不懈的追求,但大部分以倒下告终,一直到 2009 年 8 月,新浪微博继续使用博客推广的成功经验,瞬息间内迅疾掀起国内微博风潮。"你围脖(微博)了吗?"变成众多人寒暄的第一句话。

作为国内最早由门户网站推出的微博,新浪微博已变成国内微博领域的领先者。《中国微博元年市场蓝皮书》数值显露,随着用户数的不断提高,新浪微博上每日都会萌生海量信息。2010 年 7 月, 新浪微博萌生的总微博数超过 9 000 万,每日萌生的微博数超过 300 万,平均每秒会有近 40 条微博萌生。

不知大家有没有想过,如果没有微博,我们现在的生活又将会怎样呢? 其实,微博广告成功的案例不胜枚举,生活当中处处可见,只是我们没有去留意而已。可见,微博在我们的生活中扮演着重要角色。

当然,并不是所有微博上的广告都是成功的,也有一些是失败的。对于失败的,我们要寻找失败的原因,吸取教训,从而更好地改善;对于成功的,我们要保持,争取再创佳绩。

第五章 微博广告的健康发展

第一节 微博广告的管理

如今,微博已成为人们日常信息和交流的平台,它让人们觉得世界变得好小,同时,也把大家的距离拉得更近。人们可以通过微博了解到最新和最有趣的东西,可以交友聊天,可以增长知识,可以拓宽自己的眼界,甚至还可以“指点江山,激扬文字”。从大体上讲,微博已经深入我们的生活了。

一、传统媒体与微博的区别

传统媒体拥有较大的经济规模和“巨大、傲慢的组织机构”,其新闻是与广告捆绑销售的。而微博这种“草根媒体”则没有任何“门槛”,任何享有公民权的人都可以加入。这种区别的真正意义在于:服从商业逻辑的传媒免不了陷入哈钦斯委员会 1947 年所描述的新闻业的两难选择——“迎合并扩大自己的受众群”和“对事件和人物的本来面貌进行反映”。服从公共性逻辑的微博属于免费浏览,对于博客所强调的点击率则不予记录,只统计发帖、回帖、转帖数目以及粉丝数目,即更加偏重微博的内容与影响。除一些营销性的企业或个人微博,一般的微博不与广告挂钩,因此在信源的选取、关注的话题和个人叙事框架的构建方面,都可以保持一定的独立性,从而改变了媒体发展的动力模式。

与此相联系的是,博客、微博新闻对传统媒体话语方式的颠覆。在媒介决定论的时代,“媒介即讯息”,强调的是“以媒介为本”;而在“自媒体”时代,“我们即媒介”,强调的是“以人为本”,因此无形中助推了公民新闻的发展,让媒介真正成为“人的延伸”。

二、微博广告的影响力

微博广告的影响力也是有目共睹的,2008 年 5 月 12 日，当汶川地震发生时,Twitter比通讯社早 22 秒发出了报道。此后,微博代替了传播方式相对落后的手机短信,成为普通公民手中的“麦克风”,使“人人成为记者”成为可能。当然,这个“记者”指的是以发布“公民新闻”为乐趣的非专业记者。谢尔·以色列将这些人称为“公民推客”(即推特博主),将“由外行来报道新闻”称为“公民新闻”。

1988 年肇始于美国的公民新闻(Civil Journalism),又称“公众新闻”(Public Journalism),是基于鼓励公民参与新闻实践,采取公民视角报道新闻事件,主动反映社区生活的理念、实践与运动的“三合一”。在由主流媒体主导的公民新闻实践中,普通民众从新闻的消费者转变为生产者;而在微博世界,普通“推客”则从新闻事件的旁观者转变为报道者。在詹姆斯·凯瑞看来,“新闻应该被看做是表现公众和帮助公众塑造并找到自己身份的工具”。

“公民推客”正是在这样的理念下,共同构建了一个公众参与公共事务讨论与行动的“大社区”,形成了主流媒体之外的一个“舆论场”,从而实践与深化了公民新闻的理念。比如,2011 年 3 月,微博通过对“两会问政”、“让流浪儿童回家”、“北京限购商品房”、“南京砍伐梧桐树”、“日本核污染”、“地震寻人”、“3·15 维权”、“瘦肉精猪肉等食品安全”等公共话题的关注与讨论,提升了公众参与民主法制建设的积极性。

通过微博促进“公民新闻”的发展有其积极意义:一是可以弥补专业记者不足或“不在场”的缺憾,为实现“新闻全覆盖”提供了保障;二是借助“一对多、多对多”的传播模式,可以在突发性事件中迅速、及时地传播新闻;三是方便专业新闻工作者从微博中发现新闻与收集舆论;四是从民生的视角,可以体现贴近民生精神,为主流媒体改进文风提供借鉴。

由此可见,微博广告给人们带来了很多富有价值的信息,接下来我们需要深思的就是如何进行微博广告的管理。

三、微博广告的弊端和问题所在

“人人都有麦克风”、“人人都是记者”的时代,一大批没有受过专业训练的非专业“记者”,通过发布微博进入新闻生产的场域,其发布的新闻信息在真实性、准确性和客观性方面都有很大的推敲余地。在发表欲、猎奇心理和吸引粉丝等动机的驱使下，一些微博炒作假新闻、发布谣言和不实信息的现象也屡见不鲜。针对他人发表的谩骂、侮辱言论，则会引起虚拟世界的道德危机。因此，微博的把关问题要比一般媒体的把关问题复杂得多。

传统媒体和新闻网站对专业新闻工作者的把关模式，一般是"记者—N层编辑—审核—发布"的"层层把关"模式；而属于"自媒体"的微博，遵循Web 2.0的设计理念，采取的是有利于保证微博用户表达权的"自我把关模式"。我国的微博则采取"自我把关优先"原则下的"后台关键词监控"与前台"管理员事后审查"相结合的"树状把关模式"。在这种模式下，除非用户发布了违法与不良信息，微博管理员对微博内容一般不予干涉。对于微博发布的原创"新鲜事"或无网址链接的转载新闻，因为管理员不可能一一核实，也只能采取"用户举报"和"不实信息曝光"相结合的办法，阻断不实信息的传播，这种把关模式的利弊有待业界与学界进一步探讨。

四、如何进行微博广告的管理

如何解决这些问题，就更需要把微博广告给管理好。众所周知，微博之前推出的博客盈利已经有了一些经验，就是和博主分享广告收入。据网上公开资料显示，已经有大约4 000名博主加入了新浪的博客分享计划，其中又有3 000多人已经获得收益，"有5 000元的，1 000元的也应该不低于百位，400元到500元的比较多"。

但是和博主分享广告收益也并不是一个简单的事情。为了完成给部分博主分钱这一尝试，新浪不得不投入大量精力和时间，他们需要做专门的结算系统和管理系统，"地震时，有博主想直接捐赠收益，有的博主又想在网上消费这些收益，不需要变现，这都需要技术支持"。新浪内部相关人士认为，博客要持续赚钱，必须先有影响力和合适的营销方式，再有丰富的广告主资源，最后还要能顺利地实现广告投放。

对于博客的"缩小版"微博进行广告植入，无疑也需要多方支持，多方配合才行。

要想在微博中做广告投入，还需要了解微博的读者的群体性和喜好度等，这些目前还并不太明确。所以，对于广告主而言，虽然看好微博的影响力，但是还需要做更多的调研以及分析成本。而且对于微博植入广告，相关人士指出还会遇到监管问题。

"中国之声"特约观察员、公共管理学者丁兆林教授说，曾对博客植入广告的问题有一个担忧：按照中国的广告法，广告是通过大众媒体传播，而且向受众进行传播的时候，必须表明这是广告，这是中国广告法的基本规定。但是现在博主们在写博客的时候，会把对某一个产品的使用经验或者体验做成“软文”的形式，这实际上是给广告扩展了一个全新的领域。

这时，对于广告的监管可能带来两难的境地：一方面，如果不监管，这种广告可能会产生一些误解或者是歧义，广告的监管机构是负有责任的；另一方面，如果对它进行严格监管，可能会涉及公民自由表达的权利。

微博会出现同样的问题。对此美国已经有相关立法，广告微博必须明确标出。在此，我国的法律法规还是空白。

目前各大门户网站都纷纷搞微博，微博似乎已经成了门户网站的标志设置，但是在短期内可能找不到好的盈利模式，前期也许是像鸡肋一样，食之无味而弃之可惜。当下寻找微博更好的盈利模式是“路漫漫其修远兮”，商业网站应“上下而求索”。建立一些监督体系，及时阻止黄色暴力的广告，也很必要。

当然，一个新事物的发展并不是一帆风顺的，我们要有信心、有决心把微博广告管理好，使微博成为健康的、多样化的交流平台。

第二节　微博广告的法律问题

2010 年 7 月 1 日晚，方舟子在其新浪微博上发帖，质疑有着“打工皇帝”之称的、现任新华都集团总裁唐骏涉嫌论文及学历造假。在方舟子将这一消息爆料出来后，关于唐骏的讨论一时间成为舆论的焦点，网络、电视、报纸等媒体也对此事予以报道与评论。事发后十天内，以“唐骏”为关键词的百度新闻已达近 6 000 多条。

2010 年，有人说是“微博元年”。《南方人物周刊》更是将“微博客”评为该年度的人物。这一年，个人微博方兴未艾，政府微博竞相登台。经过一年的发展之后，“织围脖”现象更加普遍。微博，改变着人们传统的交往和交流方式，影响着人们的生活状态，改变着人们的生产方式。微博是设计未来生活和生产方式的重要角色。近几年，微博在中国实现了爆炸式增长。微博作为网络传播的一种新形式，越来越受到人们的青睐，正日益成为互联网时代的一个新亮点。微博作为一种新兴的交流工具，走进普通民众的生活，公民的言论自由权利得到了极大的发挥。

与博客相比，微博的即时通讯功能更显强大，有网络的时候可以直接书写，在没有网络的地方，只要有手机就可以随时更新内容，用户可以即时迅速地表达自己的想法、心愿。在生活节奏变得越来越快的今天，微博使朋友之间的沟通与交流更加方便，也为人们提供了一个自由的精神家园。但是，由于微博的操作具有简单性、开放性、匿名性等特点，再加上我国目前互联网方面的法律体系比较薄弱，微博用户利用微博侵害他人权益的现象不断发生。这类案件的曝光引来众多媒体关注，特别是网络媒体。更多的人则是忽然感到一种淡淡的忧虑和小小的恐惧，似乎在打开网络开始新一天的“微生活”时，有点犹豫了：这样发行吗，会不会是“名誉侵权”，会不会被推上被告席。在人们这样或那样的担忧中，微博仍然以极快的速度在向前发展。但不可忽视的是必然要加强对微博的法律监督。

我们需要弄明白怎样判定一个人的微博是否侵权，是否触犯法律。由于没有具体的法律规定对微博侵权界定的问题做出规定，我们只能从一般侵权行为和微博自身的特点来总结判定微博侵权的标准。鉴于微博侵权行为是一般侵权行为的延伸，所以，一般侵权行为的构成要件也可以适用于微博侵权，结合微博所具有的独自特点，有学者认为微博侵权行为的构成要件应当包括以下三个方面：

第一，有微博侵权行为及损害结果的存在。微博侵权行为造成了损害结果的发生，指的就是博主在微博中表述的内容造成了他人人身或财产上的损害。微博的专属性与自由性使一部分人认为在自己的微博上发表文章、言论以及传输照片是属于自己的意愿范围，不应受到任何限制，但是，对于博主来说，在自由表达自己意愿的同时，微博的内容也一定是在法律允许的范围内，并且要与我国的文化背景等不相违背，如果微博中记载的内容违反了有关的规定，就应当承担相应的法律责任。

第二，微博侵权行为与损害结果之间具有因果关系。微博侵权行为是在网络上进行的，它的开放性和共享性会使微博的内容很快在网上传播，判断微博侵权行为是否与损害结果之间具有因果联系的时候，不必一味地坚持在一般侵权中所要求的一定是具有决定性作用的、最直接的、最接近的原因，只要证明微博侵权行为与损害结果之间有联系就应当认定因果关系的存在。

第三，微博侵权行为人有过错。过错包括故意和过失两种形式。故意是指行为人主观上有侵害他人合法权益的目的，从而有意识地在微博上发表言论或传输照片来实现这个目的。过失则是指当事人自律意识不够,在无意中造成了对他人合法权益的侵害。应该说,无论博主是故意的还是过失的,只要是因自己在微博上的行为侵害了他人的合法权益,就应当承担侵权责任。

微博侵害合法权益的类型是多样化的:

(1)微博侵犯名誉权。侵犯名誉权的行为在微博中是最常见的,因为,微博作为一种网络交流工具,它的功能之一就是博主可以对人对事发表评论,表达自己的观点,而且这些评论和观点还作为互联网上的公开信息能够为他人所查阅、获悉,所以,在微博盛行时期,微博的内容侵害他人名誉权的情况应该是最常见的。

(2)微博侵犯隐私权。在隐私权的概念界定上,主要有三种观点。第一种观点认为,隐私权是独处而不受干扰的权利,是关于私人的生活不受侵犯或不得将私人的生活非法公开的权利;第二种观点认为,隐私权是主体对自己所有的信息的控制权;第三种观点认为,隐私权是个人决定何时何地与外界沟通的权利。尽管对隐私权概念的界定还没有达成一致的意见,但是,以上观点具有的共性是都认为隐私权是一种私权利,如果博主在微博中将其所知悉和掌握的与他人私权利密切相关的信息公开并予以传播,造成了他人的恐慌、不安和痛苦,就应当是认为侵犯了他人的隐私权。

(3)微博侵犯商业秘密。商业秘密是指一切不为公众所知悉,具有经济价值和实用价值,且权利人已采取了保密措施的经营信息和技术信息。依据各国的规定,商业秘密主要包含三类:一是技术秘密,指人们从经验中或技艺中得来的,能在实践中特别是在工业中应用的技术信息、技术数据或技术知识;二是经营秘密,指具有秘密性质的经营管理方法及与经营管理方法密切相关的信息和情报;三是管理秘密,指组织生产和经营管理的秘密,特别是合理有效地管理各部门、各行业之间相互合作与协作,使生产与经营有效运行的经验性信息。在商业竞争激烈的经济社会,微博很容易成为商业机密泄露的平台,无论博主在微博中泄露的是上述三类中的哪一类,都应认为是构成了对商业秘密的侵犯。

(4)微博侵犯公共利益。博主不能简单地认为自己微博中的内容仅仅是与自己有关的网络日记,因为,微博的内容构成了互联网上无数个信息点的一部分。互联网访问者可以搜索到全球任何一个自己感兴趣的信息,当然包括微博的内容,因此微博就存在侵害公共利益的可能。尽管在微博上发表陈述属于个人的言论自由,但是,这一自由绝对不是没有任何限制的,如果表述不当就会对国家利益和社会利益造成侵害。例如,在微博中泄漏了自己所知的国家机密,通过微博传授犯罪方法、散布谣言而危害社会秩序以及发布色情信息等行为，或者开通微博就是用于宣传办假证、卖假发票等，都是损害公共利益的行为。

我国没有一部法律专门来规制微博侵权行为，有关微博侵权行为的规制只是在宪法、民法、刑法等当中有所体现。

如何规范微博的言论，还广大网民一个健康、安全的言论环境？在我看来，可以从以下几个方面着手。(1)政府要加快相关法律的制定与执行，填补这方面的空白，使维护人们的合法权益、打击犯罪有法可依。(2)群众首先要对自己在道德和自律方面定一个标准，不去恶意侵犯他人合法利益；其次要加强自我保护意识，对有关自己切身利益方面的事情尽量不在微博上透露；再次就是要有较强的法律意识，对存在违法嫌疑的微博内容积极进行举报，特别严重的应该把相关资料移送到行政、司法机关来处理。(3)网络运营商要明确自己的责任，要有社会服务意识，要经常对本服务器内的微博内容进行审查，对有触犯法律的，轻者给予警告、删除，重者对其内容进行屏蔽并移交相关部门办理，在接到举报或投诉后应尽快采取措施。

总而言之，对微博进行必要的法律监管是必需的，这个过程是漫长的，不过一定会实现，相信在法律法规监督之下的微博能够更好地为我们服务。

主要参考文献

[1] 冯英健.微博营销与博客营销的本质区别[J].网络营销管理顾问,2010(1):1—3.

[2] 张世福.去中心化跨平台个人社区——访新浪微博公关负责人纪芸[J].网络传播,2010(5):1—4.

[3] 王威.微博时代的新挑战[J].新闻爱好者,2010(1):12—13.

[4] 黄剑雄.观点:如何通过社交媒体和新技术强化品牌[J].中国广告,2010(7):1—3.

[5] 王婧.微博在网络与现实中共振[J].网络传播,2010(3):1—2.

[6] Lacy K.Twitter Marketing For Dummies[M].Social Media Marketing Consultant,2007:100—115.

[7] 李园.微博:企业营销新武器[J].商业故事,2010(6):2—3.

[8] 胡东峰.微博是这样练成的:从聊天室到 Twitter 的技术实现[M].北京:人民邮电出版社,2010.

[9] 郭亮.微博将带来什么[M].北京:中华工商联合出版社有限责任公司,2010.

[10] 任文科.微博力[M].北京:中国人民大学出版社,2010.

[11] 张国良.E 社会传播:创新、合作与责任[M].上海:上海人民出版社.2010.